世界哲學家叢書

尼古拉·庫薩

李秋零 著

1997

東大圖書公司印行

國家圖書館出版品預行編目資料

尼古拉・庫薩／李秋零著.--初版.--
臺北市：東大發行：三民總經銷，
民86
　　面；　公分.--(世界哲學家叢書)
參考書目：面
含索引
ISBN 957-19-1994-2 (精裝)
ISBN 957-19-1995-0 (平裝)

1. 尼古拉 (Nicholas, of Cusa,
　Cardinal, 1401-1464)-學術思
　想-哲學　2. 神學
242　　　　　　　　　　　　86000441

國際網路位址　http://sanmin.com.tw

© 尼古拉・庫薩

著作人　李秋零
發行人　劉仲文
產權作財人　東大圖書股份有限公司
發行所　東大圖書股份有限公司
　　　　地址／臺北市復興北路三八六號
　　　　郵撥／〇一〇七一七五一〇號
印刷所　東大圖書股份有限公司
總經銷　三民書局股份有限公司
門市部　復北店／臺北市復興北路三八六號
　　　　重南店／臺北市重慶南路一段六十一號
初版　　中華民國八十六年二月
編號　E 14075
基本定價　叁元貳角
行政院新聞局登記證局版臺業字第〇一九七號

ISBN 957-19-1995-0 (平裝)

「世界哲學家叢書」總序

　　本叢書的出版計畫原先出於三民書局董事長劉振強先生多年來的構想，曾先向政通提出，並希望我們兩人共同負責主編工作。一九八四年二月底，偉勳應邀訪問香港中文大學哲學系，三月中旬順道來臺，即與政通拜訪劉先生，在三民書局二樓辦公室商談有關叢書出版的初步計畫。我們十分贊同劉先生的構想，認為此套叢書(預計百冊以上)如能順利完成，當是學術文化出版事業的一大創舉與突破，也就當場答應劉先生的誠懇邀請，共同擔任叢書主編。兩人私下也為叢書的計畫討論多次，擬定了「撰稿細則」，以求各書可循的統一規格，尤其在內容上特別要求各書必須包括（1）原哲學思想家的生平；（2）時代背景與社會環境；（3）思想傳承與改造；（4）思想特徵及其獨創性；（5）歷史地位；（6）對後世的影響（包括歷代對他的評價），以及（7）思想的現代意義。

　　作為叢書主編，我們都了解到，以目前極有限的財源、人力與時間，要去完成多達三、四百冊的大規模而齊全的叢書，根本是不可能的事。光就人力一點來說，少數教授學者由於個人的某些困難（如筆債太多之類），　不克參加；因此我們曾對較有餘力的簽約作者，暗示過繼續邀請他們多撰一兩本書的可能性。遺憾的是，此刻在政治上整個中國仍然處於「一分為二」的艱苦狀態，加上馬列教

條的種種限制，我們不可能邀請大陸學者參與撰寫工作。不過到目前為止，我們已經獲得八十位以上海內外的學者精英全力支持，包括臺灣、香港、新加坡、澳洲、美國、西德與加拿大七個地區；難得的是，更包括了日本與大韓民國好多位名流學者加入叢書作者的陣容，增加不少叢書的國際光彩。韓國的國際退溪學會也在定期月刊《退溪學界消息》鄭重推薦叢書兩次，我們藉此機會表示謝意。

原則上，本叢書應該包括古今中外所有著名的哲學思想家，但是除了財源問題之外也有人才不足的實際困難。就西方哲學來說，一大半作者的專長與興趣都集中在現代哲學部門，反映著我們在近代哲學的專門人才不太充足。再就東方哲學而言，印度哲學部門很難找到適當的專家與作者；至於貫穿整個亞洲思想文化的佛教部門，在中、韓兩國的佛教思想家方面雖有十位左右的作者參加，日本佛教與印度佛教方面卻仍近乎空白。人才與作者最多的是在儒家思想家這個部門，包括中、韓、日三國的儒學發展在內，最能令人滿意。總之，我們尋找叢書作者所遭遇到的這些困難，對於我們有一學術研究的重要啟示（或不如說是警號）：我們在印度思想、日本佛教以及西方哲學方面至今仍無高度的研究成果，我們必須早日設法彌補這些方面的人才缺失，以便提高我們的學術水平。相比之下，鄰邦日本一百多年來已造就了東西方哲學幾乎每一部門的專家學者，足資借鏡，有待我們迎頭趕上。

以儒、道、佛三家為主的中國哲學，可以說是傳統中國思想與文化的本有根基，有待我們經過一番批判的繼承與創造的發展，重新提高它在世界哲學應有的地位。為了解決此一時代課題，我們實有必要重新比較中國哲學與（包括西方與日、韓、印等東方國家在內的）外國哲學的優劣長短，從中設法開闢一條合乎未來中國所需

求的哲學理路。我們衷心盼望，本叢書將有助於讀者對此時代課題的深切關注與反思，且有助於中外哲學之間更進一步的交流與會通。

最後，我們應該強調，中國目前雖仍處於「一分為二」的政治局面，但是海峽兩岸的每一知識分子都應具有「文化中國」的共識共認，為了祖國傳統思想與文化的繼往開來承擔一分責任，這也是我們主編「世界哲學家叢書」的一大旨趣。

傅偉勳　韋政通

一九八六年五月四日

自　序

　　歐洲中世紀的一位思想家說過，我們之所以看得更遠，只是因為我們站在巨人的肩膀上。

　　中國古人也有一句著名的詩句：欲窮千里目，更上一層樓。

　　這話說得好極了，而且也通俗易懂極了。

　　誰不想站得高，看得遠呢？

　　然而，說起來易懂的東西，並不見得做起來也是易做的。

　　要想站在巨人的肩膀上，就必須先滿足兩個條件：首先，找到巨人；其次，爬上巨人的肩膀。

　　在日常生活中，發現一個形體上的巨人是一件輕而易舉的事情。而在思想界，發現一個靈性的巨人卻並非易事。當我們睜開肉體的眼睛時，周圍的一切自然而然地盡收眼底；而當我們睜開靈魂的眼睛時，我們時常會有茫然之感。

　　這只不過是因為，自然的形體是彰顯的，而思想的靈性卻往往是隱匿的或艱深的。發現形體巨人的肉體眼睛是我們先天賦有的，而發現靈性巨人的靈魂眼睛卻要靠我們後天的修煉。

　　但這只是問題的一個方面。肉體的眼睛畢竟是有限的。即使我們用上望遠鏡，哪怕是天文望遠鏡，我們還是要受自己的「眼界」的約束。而當我們在思想的世界裡睜開靈魂的眼睛時，我們的「眼

界」卻擴展到了無限。孔子、老子、釋迦牟尼、柏拉圖、亞里士多德、耶穌、穆罕默德，中外歷史上這一個個思想巨人，就像天上那一個個星座，其思想就是那閃爍的星輝，無論他們離我們是遠還是近，都分秒不停地照耀著我們的祖先，照耀著我們，並將繼續照耀著我們的子孫後代。即使我們在白天看不到它們，事實上我們依然沐浴在它們的星光下。

當然，就像我們只熟悉天上那些最耀眼的星座一樣，我們也只熟悉歷史上那些最著名的思想巨人。更何況由於種種歷史的原因，一些巨人的思想往往被湮沒了。本書的主人翁尼古拉・庫薩就遇到了這樣的命運。作為一個教會活動家，他的思想是在繁重的教會事務之餘形成的；他沒有機會在學校和修道院裡講授自己的思想，從而也就沒有留下學生和學派；作為新哲學形態的開拓者，他使用了許多獨特新穎卻又難免晦澀的術語；最重要的是，作為一位智者，一位先知，他的思想超越了自己的時代。於是，歷史不公正地遺忘了他。然而，歷史又公正地再發現了他。當他的名字終於重新進入哲學的青史時，他的思想必然地以特有的魅力征服了西方世界。有人稱他為西方近代哲學「真正的創始人」，有人稱他為一個「先知式的人物」。但對於漢語世界來說，尼古拉・庫薩這個名字還是相當陌生的，我們還未能跟上西方人的研究步伐。當我在西方的文獻中偶然地發現庫薩的名字和思想時，其興奮竊以為並不亞於天文學家發現了一個新的星座。

找到了巨人，還要爬上他的肩膀。或者說，要想超越巨人，就必須先理解巨人。然而巨人之所以為巨人，就在於他們是超乎常人之上的。巨人的著作往往是卷帙浩繁的，巨人的思想往往是博大精深的。我差不多用了四年之久的時間來研讀庫薩的數十篇著作。我

一方面力圖從庫薩本人的思維邏輯出發，客觀準確地理解和再現他獨特的哲學思想；另一方面又力圖從現代的處境和自己對哲學的獨特理解出發，重新解譯庫薩。在與這位先哲對話的過程中，我時而「山窮水盡疑無路」，時而「柳暗花明又一村」，其間的甘苦當然是「冷暖自知」了。但無論如何，我畢竟還是塑造出來了一個完整的庫薩形象，至於是否能夠為讀者所認可，我期待著各種可能的批判。

使我竊竊欣喜的是，我已經向漢語世界介紹了一位巨人，並且提供了爬上這位巨人肩膀的梯子。

但願讀者們能夠接受這位巨人，但願讀者們能夠接受我提供的這架梯子。讓我們一起站在這位巨人的肩膀上，放眼遠眺人類的未來。

是為序。

李秋零

一九九六年十二月六日

於北京中國人民大學靜園

尼古拉・庫薩

目　次

緒　論　尼古拉・庫薩哲學的復興

在談到西歐的文藝復興時，恩格斯(F. Engels)曾經充滿贊美之情地寫道:「這是一次人類從來沒有經歷過的最偉大的、進步的變革，是一個需要巨人而且產生了巨人 —— 在思維能力、熱情和性格方面，在多才多藝和學識淵博方面的巨人的時代。」❶在這段話後面，恩格斯列舉了達・芬奇(da Vinci)、丟勒(A. Dürer)、馬基雅維利(N. Machiavelli)和路德(M. Luther)這幾個名字。

毫無疑問，有幸列入恩格斯筆下的，只不過是這些巨人中的幾個代表。我們大可不必為某個思想家榜上無名而感到遺憾。更何況，在恩格斯寫下上面這段話的時候，我們將要談到的這位先哲 —— 尼古拉・庫薩(Nicolaus Cusanus, 1401~1464)❷ —— 已經被遺忘了三個多世紀，剛剛被德國學術界重新發現，很可能恩格斯還根本不知

❶　《馬克思恩格斯選集》，北京，人民出版社，1973，卷3，頁445。

❷　尼古拉・庫薩的名字在德文中有 Nikolaus von Kues, Nicolaus von Cusa, Nicolaus von Cues 等不同寫法。中文舊譯為「庫薩的尼古拉」。由於西方許多文獻中喜歡直稱 Cusanus，這種半音譯半意譯的譯法就很難適應。近年來有人採用了「尼古勞斯・庫薩努斯」的譯法，顯然過於繁瑣，且不符合拉丁詞尾us一般不譯出的習慣作法。本書中一律稱「尼古拉・庫薩」，或直稱「庫薩」。其實，這種譯法也是有先例可循的，例如「托馬斯・阿奎那」、「威廉・奧卡姆」等。

道這位先哲的名字。但是，我們可以毫不誇張地說，尼古拉‧庫薩完全有資格躋身於這些巨人的行列。

作為文藝復興初期德國傑出的哲學家、羅馬天主教會的高級神職人員、著名的教會活動家，尼古拉‧庫薩是當時德國最早學習了希臘文的一批人中的一個，也是德國最早對復興古典文化發生了濃厚興趣的人文主義者之一。他淵博的學識幾乎涉及到當時的所有部門，尤其在數學領域和物理學領域都有相當的造詣。他第一個繪製了中歐的地圖，還提出過改革曆法的方案。他曾多次作為教皇特使到處遊說，為教會的和平統一立下了汗馬功勞；他提出的教會和國家改革的方案也受到教會史家和政治學說史家的重視。在神學方面，他所發揚光大的「否定神學」原則和「隱祕的上帝」的思想也越來越為現代西方神學所關注，以致於頗負盛名的新教神學家奧特(Heinlich Ott)認為，尼古拉‧庫薩是「一個屬於世界基督教的人物」，是「基督教歷史上最博學的大師之一」，他的否定神學思想在反對基要主義的神人同形同性論方面「對我們大有幫助」。❸而在哲學史上，尼古拉‧庫薩的地位在於，他利用人文主義者復興古代文化的成就精研了古代哲學，以天才的思辨能力建立起西方近代第一個具有泛神論傾向的，以上帝、宇宙、人為主題的相對完整的哲學體系，構成了古代哲學和近代哲學之間的橋梁，揭開了文藝復興哲學乃至近代哲學的序幕。正是這三大主題，構成了近代形而上學的三大支柱，奠定了近代哲學的基本構架。他把上帝看作絕對的極大，把宇宙看作限定的極大，把人看作既絕對又限定的極大，不僅為近代泛神論開了先河，而且也從哲學的高度上概括了在他那個時代如火如荼、方興未艾的人文主義運動的精神和成果。他在研究人的認識能

---

❸　H. 奧特：《不可言說的言說》，北京，三聯書店，1994，頁4。

力的基礎上，把人對絕對真理的認識看作是有學問的無知，即看作是一個無限進步、永無止境的過程，開啟了近代注重認識論研究的風氣。他把人的認識理解為主動的創造，使哲學的對象由存在轉變為認識了的存在，成為近代哲學高揚人的主體能動性的先聲。他尊重事實、肯定經驗、重視試驗，主張在量上考察自然，對近代哲學和科學的發展都產生了重大的影響。

庫薩的哲學最先體現了近代哲學的精神實質。但盡管如此，他在自己所處的那個時代卻沒有多少知音。而且，他的哲學在他死後不久也就很快被人們遺忘了。在文藝復興時期，只有布魯諾(G. Bruno)和刻卜勒(J. Kepler)以崇敬的口吻談到過他。當18世紀末19世紀初德國古典哲學達到空前高度繁榮時，幾乎沒有人知道他們這位同胞的思想。只有弗‧施萊格爾(F. Schlegel)提到過他，並準備把他的著作翻譯成德文，但由於他的拉丁文實在拗口難懂，只好忍痛放棄。在黑格爾(F. W. F. Hegel)那產生了巨大影響的《哲學史講演錄》中，更是找不到關於他的片言隻語。只是到了19世紀中葉，德國蒂賓根學者沙普夫(F. A. Scharpff)才獨具慧目，率先揭開了德國乃至整個西歐研究庫薩哲學的序幕。自此之後，庫薩傑出的哲學思想引起了西歐哲學界的廣泛注意，卡西勒(E. Cassirer)、雅斯貝爾斯(K. Jaspers) 等西方現代哲學著名代表人物都對庫薩哲學做過專門的研究。百餘年來，庫薩著作的全集、選集及單行本多次再版，並被譯為德、英、法等多種文字。各種研究專著、論文層出不窮，庫薩研究學會及其他研究機構相繼建立,此外還有專門介紹庫薩哲學及其研究狀況的刊物。1964 年，在庫薩曾擔任主教的布利克森舉行了「庫薩哲學國際大會」，進一步把庫薩哲學研究推向了高潮。針對這種情況，德國哲學史家希爾施貝格爾(J. Hirschberger)於1987年寫道：「大

約40年以來，我們正在經歷著一場庫薩哲學的復興」。❹西方學者
給予庫薩的傑出思想以很高的評價。卡西勒稱庫薩哲學是「文藝復
興哲學的起源和楷模」。❺宇伯威格(F. Überweg)稱庫薩為「他那個
時代最重要的學者和思想家之一」、「近代德國第一位偉大的哲學
家」。❻越來越多的哲學家認為，庫薩才是西方近代哲學的創始人。

　　對於一位在世界思想史上具有如此重要地位的哲學家，不能不
引起我們的高度重視。本書將追隨庫薩本人的思維模式，分別以上
帝、宇宙、人為主題展開庫薩的基本思想。其中第一章將從幾個側
面簡要介紹庫薩所處時代的基本狀況。第二章將介紹庫薩本人的生
平、著述和思想發展的大致輪廓。第三至五章探討庫薩關於上帝的
思想。第六至八章探討庫薩關於宇宙的思想。第九至十一章探討庫
薩關於人及其精神的思想。第十二章集中討論庫薩作為西方近代哲
學創始人的命題。但這裡必須首先指出的是：在庫薩那裡，上帝、
宇宙、人這三個主題並不是彼此分離的，它們是作為一個存在整體
成為庫薩的思維對象的。研究工作不得不從某個「角度」出發，而
「角度」是可以有多種多樣的，但任何角度都不可能完全忠實地再
現對象的原貌，這是研究者的苦衷。此外，使我發生強烈興趣的是
庫薩的那些精彩的哲學思想和能夠反映他的哲學實質的東西，為此
我也不得不放棄一些在我看來並不十分重要的材料和方面。對於一
位歷史上的思想家來說，理解他的思想固然重要，但更為重要的是

---

❹　J.Hirschberger:《尼古拉‧庫薩在德國哲學發展中的地位》，Wiesbaden
　　1978，頁5。

❺　E. Cassirer:《近代哲學與科學中的認識問題》，卷1，Berlin 1911，頁
　　23。

❻　F. Überweg:《哲學史概論》，卷3，Berlin 1974，頁73。

從我們今天的處境出發、與他就相同的或者類似的問題展開對話。
這既是本書的寫作宗旨，也是庫薩哲學在今日的價值所在。

第一章　尼古拉·庫薩生活的時代

在《文藝復興哲學中的個人和宇宙》一書中，卡西勒開卷伊始就寫道:「在黑格爾看來，一個時代的哲學在自身中包含著該時代的全部狀況的自覺和時代精神，它作為單一的聚焦點，作為認知自身的概念，反映出這多方面的全體。然而，對於早期文藝復興的哲學來說，黑格爾的這一前提條件似乎沒有得到證實。13世紀至14世紀之交在精神的所有領域開始的，在詩歌和造型藝術中、在國家生活和歷史生活中變得越來越強有力的，最終越來越自覺地把自身看作是精神革新的新生活，在時代的思維中最初似乎沒有獲得任何表達和反響」。❶但是，僅僅幾頁之後，卡西勒就馬上又補充說:「任何試圖把文藝復興哲學看作是一個系統的統一體的考察，都必須以尼古拉·庫薩的哲學為出發點。因為在15世紀的所有哲學流派和哲學努力中，唯有這一學說滿足黑格爾的前提條件，是一個在自身聚攏了極其不同的光束的『單一的聚焦點』。庫薩是這個時代唯一從一個方法論原則出發理解時代的各種基本問題的全體、並借助這一原則把握這個全體的思想家」。❷

顯然，在卡西勒看來，庫薩哲學是早期文藝復興哲學中唯一反

❶　E. Cassirer:《文藝復興哲學中的個人和宇宙》，Darmstadt 1977，頁1。

❷　同❶，頁7。

映了時代精神的哲學。為了理解這一點，我們有必要對庫薩所處的那個時代及其精神以及他的哲學與時代精神之間的關係作一番考察。

尼古拉·庫薩生活在15世紀。而14世紀到16世紀，正是西歐歷史上封建制度解體、資本主義關係形成的時代。毫不奇怪，在這樣一個時代裡，必然充滿了各種各樣的矛盾衝突，充滿了社會動蕩，而又孕育著無限的生機。

全面地考察這個時代將是一部宏篇巨著的任務。在這裡，我們只能選取幾個富有代表性的、對於尼古拉·庫薩的生活和思想具有決定性意義的側面。

一、危機四伏的羅馬教會

這個時期西歐社會的動蕩首先表現為羅馬教會的一蹶不振。

在日爾曼蠻族以武力征服了西羅馬帝國、在西歐推行封建制度的過程中，古代文明、古代哲學、政治和法律被一掃而光。但羅馬帝國的國教——基督教，卻作為蠻族從舊世界繼承下來的唯一文化遺產，保持著自己的精神統治地位。在此之後，羅馬教會成功地利用了西歐各國政治力量之間的矛盾衝突，縱橫捭闔，逐漸在教權和皇權的爭鬥中占了上風，並通過發動十字軍東征、鎮壓異端、成立宗教裁判所、壓服各國君主等手段，在12～13世紀達到了鼎盛時代，使羅馬教皇成為西歐統治集團的霸主。教皇博尼法斯八世 (Bonifaz VIII)於1302年頒布的《神聖一體》敕諭，則是羅馬教會這種現實的勝利在意識形態上的反映。與此同時，羅馬教會還通過對東方的掠奪、強迫各國納貢、橫徵暴斂、盤剝農民等手段巧取豪奪，積聚了巨額

的財富。羅馬教會一時成為歐洲最大的政治、經濟、文化中心。

　　然而，財富和權力永遠是社會生活中最強的腐蝕劑。自命為上帝在人間的代表的教會也不可能例外。作為羅馬教會鼎盛時代的必然副產品，它內部的腐敗和爭權奪利也達到了頂點，最終給教會造成了不可逆轉的頹敗命運。

　　為了滿足貪得無厭的欲望、窮奢極侈的生活和對付內外政敵的需要，教會不得不在傳統的方式之外進一步巧立名目，搜刮錢財，以應付越來越多的開支。教廷頻繁地派出特使到各國兜售贖罪券和赦恩狀，出售神職，典賣教產，加重賦稅，甚至教皇的皇冠也被典當給商人，羅馬城的妓院也成為教廷徵稅的對象。各地教會也上行下效，修道院和宗教裁判所都成為榨取錢財的據點。羅馬教會的所作所為除了招致世俗統治者的反對和市民階級、貧苦農民和平民的起義反抗之外，還遭到了教會內外有識之士的激烈抨擊。羅吉爾‧培根(R. Bacon)、但丁(A. Dante)、彼特拉克(F. Petrarca)、薄伽丘(G. Boccaccio)、瓦拉(L. Valla)等人都曾以犀利的筆鋒揭露了教會的普遍腐化和虛偽，呼籲「純潔教會」。教會為了維護自身的統治，也標榜所謂的「貧潔生活」，並扶植托缽修會，進行一些教會改革，力圖克服教會日益滋長的腐化傾向。但這種捨本逐末、杯水車薪的作法根本無濟於事。一場更大的風暴已經在悄悄地孕育著。英國的威克利夫(J. Wyclif)、捷克的胡司(J. Huss)關於改革教會的理論以及隨之而來的泰勒起義和胡司戰爭就是這場風暴的前奏。雖然它們先後遭到了殘酷的鎮壓，但改革教會的思想已經深入人心。到了16世紀，終於爆發了以路德、茨溫利(H. Zwingli)、加爾文(J. Carvin)等人為領袖的宗教改革運動。

　　與此同時，教會內部的爭權奪利與教權和王權之間的爭鬥相交

織，也越演越烈。經過歷代教皇的長期努力，隨著霍亨斯陶芬家族的最後一位代表康拉丁(Conradin)被教廷所支持的昂儒的查理(Charles of Anjou)擊敗斬首，教廷終於擊敗了自己的德國宿敵。在經歷了長達近20年的大空位期之後，德意志民族的神聖羅馬帝國新產生的哈布斯堡家族再也無力與教廷互爭雄長了。然而，教廷在這一過程中也為自己親手扶植起一個新的對手。13世紀末，法國王室逐步削弱境內貴族割據勢力，王權得到加強，開始與教權對抗，並逐步占了上風。法王腓力四世(Philip IV)由於向法國教士徵收捐稅，與教皇博尼法斯八世發生衝突。腓力四世逮捕教皇使節，派遣特使到羅馬，勾結教皇政敵共同反對教皇。博尼法斯八世在鬥爭最激烈的時候死去，樞機主教團在腓力四世的壓力下選出了新教皇克萊門五世(Clement V)。1308年，克萊門五世把教廷遷至法國南部的阿維尼翁，從此教廷處於法國控制之下長達70年之久，史稱「阿維尼翁之囚」。1378年，教廷遷回羅馬，緊接著發生了法國籍樞機主教與當地勢力之間的矛盾。當時，羅馬選出一個意大利人為教皇，法國樞機主教則另立教皇，返回阿維尼翁，從此開始了基督教會的第二次大分裂。兩個教皇分駐兩地，互相攻訐，互相開除對方的教籍，同時分別向各地教會派遣主教，徵收租賦和稅金，演出了一幕幕鬧劇。西歐各國統治者也根據自己的政治利益分別承認對自己有利的教廷。教皇已經失去了昔日凌駕於各國君主之上的威風，反而要靠這些君主的支持才能與自己的對手互爭雄長，各國教會也在實際上落入國王的控制。在這種情況下，西歐許多國家出現了「宗教會議至上運動」，要求結束教會分裂，整頓教會組織，限制教皇權力。在1409年召開的比薩宗教會議上，廢黜了原來的兩個教皇，另立新教皇。但由於兩個舊教皇拒不退位，反而使原來的「二皇並立」變成

了「三皇鼎立」。1414年，教皇約翰二十三世(John XXIII)在神聖羅馬帝國皇帝的壓力下召開康斯坦茨宗教會議。會議於1417年迫使當時尚在位的三個教皇全部引退，並選出新教皇馬丁五世(Martin V)，至此才結束了長達40年之久的大分裂局面。康斯坦茨會議明確宣布了宗教會議權力高於教皇的原則，但不久就被羽翼已豐的教皇宣布為異端邪說。宗教會議至上運動由於致力於鎮壓教會改革潮流，失去民眾支持，再加上內部意見不一致以及與教皇的矛盾，在改革教會問題上一無成就，最終煙消雲散。但經過這100多年的風風雨雨，教皇的威信已是一去不復返，統治基督教世界的夢想不得不最後破滅。在隨之而來的宗教改革運動中，羅馬教廷之所以顯得軟弱無能、力不從心，這100多年的歷史發展應是最重要的原因之一。

作為一個把畢生精力奉獻給教會事業的羅馬教會高級神職人員，尼古拉・庫薩的一生恰恰是這段歷史的見證。教會的普遍腐敗使他接受了改革教會的思想，畢生在理論上和實踐上從事改革教會的試驗，在一段時間內甚至成為宗教會議至上運動的主將和思想領袖。但另一方面，教會分裂的危險和現實又迫使他的改革理想始終未能超出傳統教會的窠臼，教會的統一最終成為他的最高原則，為此他甚至不惜背棄自己的改革立場，成為教皇政策的忠實推行者。貫穿庫薩全部思想的主導精神，是對立面的一致，他對信仰的和平、對人與神的和解、天界與地界的和解、信仰與理性的和解、主體與客體的和解、理性與感性的和解的執著追求，也同樣可以看作是對這種歷史現實的理論反應。

二、日暮途窮的經院哲學

14世紀末15世紀初，統治歐洲數百年之久的意識形態基督教經院哲學已經面臨著徹底沒落的命運。

其實，早在100多年前，經院哲學就已經經歷了一場危機，經院哲學的徹底沒落只不過是那場危機的推遲爆發而已。

在13世紀以前，經院哲學中占統治地位的，是奧古斯丁(Augustinus)依據新柏拉圖主義(Neuplatonismus)建立起來的宗教哲學。這個體系的本質特徵在於強調上帝是超驗的存在，認為人的理性不能認識上帝，主張信仰在先，理解在後，信仰才能理解。12世紀初，隨著東西方接觸的加強，古希臘哲學藉阿拉伯人之手回傳入西歐，引起了思想界的震動。尤其是重視經驗事實、強調理性認識的亞里士多德(Aristoteles)哲學，與當時奉行奧古斯丁主義的經院哲學發生了直接的衝突。羅馬天主教會的禁令並不能在事實上遏制亞里士多德哲學的傳播，經院哲學內部的一些有識之士已經開始在不同程度上考慮採用亞里士多德哲學的一些觀點，巴黎大學甚至形成了研究和傳播亞里士多德哲學的拉丁阿維羅依主義(latin averroism)。圍繞如何對待亞里士多德哲學這一問題，在經院哲學內部興起了一場大論戰。

在這種新形勢下，托馬斯・阿奎那(Thomas Aquinas)大膽地從神學立場出發，對亞里士多德哲學進行改造，用以取代新柏拉圖主義作為基督教神學的支柱。托馬斯適應時代潮流，明確肯定了人的理性認識在把握現實世界方面的客觀性和真實性，同時也指出了它在把握超現實世界方面的不足。他認為，人的理性只能認識超現實

世界的一小部分真理，例如上帝的存在、上帝的唯一性等，而其他大部分真理，例如上帝的三位一體、道成肉身等，則是人的理性無法認識的，它們只能通過信仰來把握。托馬斯從理性與信仰的區別出發，進一步論證了它們的相輔相成關係，認為二者皆出自上帝，只不過是認識真理的不同途徑罷了。而真理只有一個，那就是上帝。在這種意義上，信仰可以幫助理性開拓視野，補充和完善理性；理性不僅可以論證部分神學真理，而且還可以批駁反對者的指責來維護信仰。當然，二者的地位並不是平等的。在確實性和題材的高貴方面，植根於信仰的神學高於植根於理性的哲學。神學與理性的關係是利用和被利用、上級和下級的關係，即哲學是神學的婢女。托馬斯由此確立了理性與信仰、哲學與神學的親密聯盟。他那著名的關於上帝存在的宇宙論證明就是從基督教教義出發，改造和利用亞里士多德哲學來論證神學的典型例證。在這些論證中，托馬斯從現實世界存在著「運動」、「因果關係」、「偶然事物」、「不完善的事物」、「宇宙秩序的和諧結構」出發，推論出必有一個「第一推動者」、「第一因」、「必然的實體」、「絕對完善的存在」、「無限完善的創造者」，即上帝。僅以「運動」為例，在托馬斯看來，世界上的事物都處於運動中，而凡運動者，必為另一事物所推動，而推動者本身的運動又需要另一事物來推動。但是，這樣的類推又不能無限地進行下去，最後必然追溯到一個不受任何事物推動的第一推動者，這就是上帝。

從本質上來說，托馬斯哲學並沒有突破經院哲學信仰至上的基本原則。但他對理性的親善態度和對亞里士多德哲學的改造和利用暫時挽救了受到嚴重衝擊的經院哲學，甚至使經院哲學達到前所未有的繁榮。然而，托馬斯力主理性與信仰結盟的思想對於經院哲學來說無疑是飲鴆止渴，為經院哲學造成了嚴重的後果。他不僅使哲

學由於依附於神學而套上了枷鎖，而且也把神學束縛在本質上屬於世俗學問的亞里士多德主義上。更為嚴重的是，托馬斯關於上帝存在的證明有使上帝淪為推論對象的危險。現代著名學者威爾・杜蘭(W. Durant)曾把亞里士多德比作古希臘人留給基督教的「特洛依木馬」，❸依此來說，托馬斯正是把這匹木馬拖進基督教的人。

不過，即使在當時的經院哲學中也不乏「智者」。堅守奧古斯丁傳統的弗蘭西斯教派(Franciscans)就敏銳地意識到了這種危險。尤其是以鄧斯・司各特(Duns Scotus)、威廉・奧卡姆(William of Occam)為代表的唯名論者，激烈地反對托馬斯的這種做法，主張上帝不是形而上學的主題，認為信仰和理性、神學和哲學分屬兩個完全不同的領域，理性不能解釋信仰，信仰也不能使理性完善。在神學看來是正確的真理，在哲學看來就可能是錯誤的，反之亦然。認識起源於對個體事物的直觀知識，信仰的內容既不能通過直觀，也不能通過邏輯論證來把握，只能借助於上帝的啟示來信仰。因此，用理性來思考上帝，勢必要陷入不可解決的矛盾。必須把哲學從神學中分離出去，以便純潔信仰。

與此同時，一直存在於基督教哲學內部的神祕主義思潮也在13世紀迅速流行起來。被譽為「德國思辨之父」的艾克哈特大師(Meister Eckhart)就是這一思潮的著名代表。在哲學上，艾克哈特的神祕主義和司各特、奧卡姆的唯名論思想一樣，也是對托馬斯主義所建立的哲學與神學之間的親密聯盟的一種「反動」。在艾克哈特看來，上帝的理性是世界萬物的本質，上帝認識到自身預備著一切被造物的理念，從而創造了萬物。因此，上帝的認識就是創造，萬物都是從上帝那裡獲得自己的本質的。上帝在萬物中，萬物亦在上帝

---

❸ W. Durant:《人類文明史》，卷7，München 1978，頁155。

中；上帝無處不在，又不在任何地方；萬物皆來自上帝，又都回歸於上帝。人生的最高理想就是靈魂返回上帝，與上帝融合為一。不過，實現這種境界既不能通過認識上帝的創造物，也不能通過啟示和教會的幫助，甚至也不用誦讀聖經。上帝就在人的靈魂之中，只要靈魂棄絕了罪惡，棄絕了世俗的東西，棄絕了理性，棄絕了自我，就能在最純淨的魂游象外的境界中，在靈魂的閃光中直接認識上帝，達到對上帝的無限信仰和愛，從而成為上帝，和上帝永恆同在。教廷後來把艾克哈特的神祕主義思想宣布為異端，但卻無法遏制它的傳播。經過艾克哈特的門徒蘇索(H. Seuse)和陶勒(J. Tauler)等人的努力，他的神祕主義觀點成為14至15世紀天主教的「上帝之友」、「共同生活兄弟會」等宗派和宗教社團的指導思想，甚至成為路德宗教改革的一個思想來源。

　　這三種思潮爭論的焦點集中在人如何把握上帝這個問題上，或者說，人的理性能否認識上帝。托馬斯在一定程度上把理性引入神學，隱伏著把上帝理性化的危險。唯名論和神祕主義否認理性能夠認識上帝，又使經院哲學失去了存在的理由和基礎。如何成功地解決這一問題，從而挽救經院哲學，成為擺在庫薩哲學面前的迫切任務，而解決這一問題的前提條件就是分析和批判人的理性認識能力。在對人的認識能力、認識方式和認識過程進行了大量研究的基礎上，庫薩提出了一個嶄新的哲學理論，即「有學問的無知」。在這一理論中，庫薩分別吸取了托馬斯主義、唯名論和神祕主義的一些因素，但又從自己獨特的哲學原則出發對它們進行了改造，使之成為自己哲學的有機組成部分。他和唯名論、神祕主義一樣，認為理性不能精確地認識上帝，但並不像他們那樣轉向信仰和神祕的體驗，而是堅持理性是把握上帝的必需手段。他和托馬斯一樣肯定理性的作用，

但又把托馬斯的理性可以認識部分神學真理改造成為理性可以在一定程度上非精確地認識所有神學真理，把托馬斯的完成了的認識改造成為完成中的認識。這樣，理性對上帝即絕對真理的認識也就成了一個無限逼近、但又永無止境的過程，上帝的問題也就成了認識上帝的問題。庫薩的本意是要挽救經院哲學，但他也許沒有意識到，他這樣做的結果卻是最終結束了經院哲學，宣告了一個新哲學形態的誕生。

三、方興未艾的人文主義運動

如果說，經院哲學的爭論為庫薩提出了迫切需要解決的問題，那麼，14世紀興起於意大利的人文主義運動則為庫薩提供了新的文化背景，開闊了庫薩的視野。

阿拉伯文化傳入拉丁世界，帶來的不僅僅是古希臘的哲學，而且是整個文化，包括古代的歷史學、修辭學、自然科學、醫學、文學藝術等。它的直接後果也不僅僅是導致了經院哲學內部圍繞亞里士多德哲學的一場大爭論，而且還促成了一個新型的意識形態——人文主義運動。

「人文主義」(humanism)一詞起源於拉丁文的「人文學」(studia humanitatis)，後者包括文法、修辭學、歷史學、詩藝、道德哲學等。人們使用「人文學」一詞，主要是為了把上述學科與神學區分開來。到了19世紀，人們開始使用「人文主義」一詞來概括文藝復興時期人文學者對古代文化的發掘、整理、研究工作，以及他們以人為中心的新世界觀。

人文主義思潮最初是以復興古代文化的形式表現出來的。11至

13世紀，隨著城市地位的提高、市民階級的形成與逐漸強大，出現
了擺脫教會束縛的市民文化和一大批由城市創立的非教會學校，在
此基礎上形成了一個世俗知識分子階層。當文風輕快、重視人、重
視世俗生活、重視客觀現實世界、學術相對自由的古希臘羅馬文化
傳入西歐之後，馬上就與文風呆板、扼殺人性、提倡禁慾主義、敵
視客觀現實世界、禁錮思想的基督教文化形成了鮮明的對比，吸引
住了這個世俗知識分子階層。於是，在短短的時間裡，迅速形成了
一股復興古典文化的熱潮。在14至15世紀，西歐社會學習古代語言，
搜集、收藏、整理、抄錄、翻譯、注釋、出版古代典籍蔚然成風。
學者們以研究、傳播和仿效古典文化為時尚。這種風氣也影響到一
些貴族、君主、高級神職人員乃至教皇。大批的古希臘文學、歷史
學、哲學、自然科學作品被譯為或重譯為拉丁文。許多古希臘羅馬
作者或作品第一次為人們所知。古典文化借人文主義者之手在西歐
土地上再次得到繁榮，使人們看到了古典文化的完整的、本來的面
目。這不僅是對中世紀所歪曲、閹割了的古典文化的矯正和恢復，
而且也為近代哲學和科學的興起提供了一個堅實可靠的出發點。年
輕的庫薩積極地投身於這一運動。早在求學時代，庫薩就因發現了
普拉圖斯(T. M. Plautus)被視為已佚失的12部喜劇手稿而受到意大
利人文主義者的注意。從此，庫薩與人文主義者的關係日漸密切。
克利斯泰勒(P. O. Kristeller)在談到庫薩時指出：「根據他的朋友和藏
書可以清楚地看出，他與意大利人文主義關係非常密切，遠遠超出
他自己所承認」。❹這種關係不僅影響到他思想的形成，而且也為他
的學術研究提供了便利。有的人文主義者曾為他把柏拉圖(Platon)的
《巴門尼德篇》和普洛克洛(Proklos)的《論柏拉圖神學》譯成拉丁

---

❹　P. O. Kristeller：《人文主義與文藝復興》，卷1，München 1974，頁262。

文,這對希臘文水平有限的庫薩閱讀古希臘哲學原著是非常重要的。早期人文主義者在文獻學意義上復興古典哲學的活動,為庫薩在哲學意義上率先復興古典哲學做好了準備。而庫薩的哲學作為古典哲學的繼承,是在新的和更高的層次上復興古典哲學。

　　不過,人文主義運動並不僅僅是古典文化的復興,事實上,這只不過是中世紀崇拜古代權威的遺跡和新思想尚不成熟的一種表現。隨著復興和仿效古典文化,人們的目光開始由神轉向了人。在文藝復興早期,這種轉向大多是採用文學形式表現出來的。在此期間,出現了詞句優美、以反映市民生活和愛情為主題的抒情詩和小說,以及具有現實感的繪畫、雕塑等藝術作品。在被譽為「佛羅倫薩早期文藝復興文學三傑」的但丁、彼特拉克、薄伽丘以及瓦拉等人的作品中,已經充滿了對人的尊嚴、人生的價值、人的世俗生活、人的真實欲望和情感、人的創造力和能動性的熱情歌頌,對教會腐敗、虛偽、扼殺人性的激烈批判。「我是人,人的一切特性我無所不有」, 這句古老的箴言成為人文主義者的共同口號。人文主義者避開人神關係,強調人與萬物的區別,從而突出了人的優越地位。例如彼特拉克就明確地宣布:「我不想變成上帝,或者居住在永恆中,或者把天地抱在懷抱裡。屬於人的那種光榮對我就夠了。這是我祈求的一切。我自己是凡人,我只要求凡人的幸福」。❺這句話後來成為人文主義的一句名言。在早期人文主義者的思想中,已經產生了一種世俗的新道德觀念,人的自我意識和主體意識已經開始覺醒。文藝復興由於「首先認識和揭示了豐滿的、完整的人性而取得了一項尤為偉大的成就」,這就是「人的發現」。❻

❺　　《從文藝復興到十九世紀資產階級文學家藝術家有關人道主義人性論言論選輯》,北京,商務印書館,1971,頁11。

　　對世俗生活的重視必然引起對自然的濃厚興趣和自然科學的發展。古代科學著作的翻譯和介紹更進一步促進了這一趨勢。在14至15世紀，對人體、天文、地理以及自然世界其他領域的研究普遍得到了加強。觀察和實驗日益成為科學研究的重要手段。數學和數學方法受到普遍重視，並逐漸與自然科學研究結合起來。這些發展為16世紀以哥白尼 (Coppernicus) 的天文學革命為代表的自然科學繁榮打下了基礎，構成了文藝復興的第二個歷史功績，即「自然的發現」。

　　庫薩是人文主義運動的受益者，同時也是它的促進者。在借助人文主義復興古典文化的成就而精研了古希臘哲學的基礎上，庫薩第一次在哲學的高度上概括和發展了人文主義運動的精神。他不僅在人與萬物的對比中突出了人類的崇高地位，而且明確地提出人是人形的上帝，通過肯定人的創造力，把人文主義精神擴展到人神關係，使人上升為哲學的最高主題，從而補充和完善了人文主義。與此同時，庫薩不僅投入大量的精力從事數學、天文學和物理學的研究，而且明確地提出了讀上帝親手寫的書即讀大自然這本書的口號。在庫薩的哲學中，洋溢著面向自然、尊重事實、弘揚理性、肯定經驗、注重實驗的精神，體現了近代哲學的原則。人文主義運動的成就和精神哺育了庫薩哲學，庫薩哲學又把人文主義運動提高到一個新的高度。

---

❻　J. 布克哈特：《意大利文藝復興時期的文化》，北京，商務印書館，1979，頁 302。

第二章 尼古拉·庫薩的生平、著作和思想發展

在德意志聯邦共和國的西部邊陲，距特里爾城不遠的地方，有一個叫做庫斯的美麗的小城鎮。摩澤爾河靜靜地流過它的身旁，葡萄園密布在河的兩岸，遠處則是肥沃的土地。15世紀時，這裡還屬於特里爾主教的領地。1401年，哲學家尼古拉·庫薩就出生在這裡，開始了他豐富多彩而又矛盾重重的人生。

一、 求學時代

尼古拉·庫薩原名為尼古拉·柯雷布斯(Nicolaus Chrypffs，或Krebs)，後來，人們按照當時的風尚，根據他的出生地稱他為Nicolaus de Cusa 或者Nicolaus Cusanus，或者乾脆直接稱他為Cusanus。他的父親約翰·柯雷布斯(Johann Chrypffs)是一位富有的船主，此外還兼營葡萄種植和漁業，在當地頗有名望，還擔任了陪審員職務。庫薩的母親亦出身於一個富有的、有名望的市民家庭。

關於庫薩的早期生平，沒有任何可供考證的文字記載。這並不奇怪。對於那些不是靠家族的餘蔭，而是靠個人的奮鬥成功的偉大

人物的童年，我們總是所知甚少，因為誰也不會預料到正是這個孩子有朝一日將會出人頭地，從而留心收集他成長的一切材料。庫薩的情況也是這樣。關於從他出生到15歲的情況，所有的傳記都是依據傳說。

據說，按照父親的願望，庫薩應當為繼承父親世代相傳的職業和財產做好準備。但是，年幼的庫薩卻在善解人意的母親支持下，對讀書著了迷，這使他的父親大為不滿。有一次，盛怒之下的父親甚至用船槳把兒子痛揍一頓，把他從船上打落水中。這次事件導致12歲的庫薩離開了家庭。附近的曼德沙德伯爵 (Graf von Manderscheid) 收留了他，發現了他對科學的非常天賦，在他13歲那年把他送到尼德蘭達文特的一個由「共同生活兄弟會」舉辦的學校裡生活和接受教育。❶

與弗蘭西斯修會和多米尼克修會 (Dominicans) 等宗教社團不同，共同生活兄弟會是一個組織鬆懈的團體，其成員不受「三願」（守貧、服從和獨身）的約束。他們生活在一起，每人捐獻工作所得以維持大家的生活。他們不注重宗教的繁文縟節，崇尚內心生活的純潔，以期達到與上帝契合為一的最高境界。該社團重視教育，他們舉辦的學校曾為社會培養了大批人才，庫薩、愛拉斯謨 (Erasmus) 是其中最為著名的宗教界、文化界領袖人物。在這裡，庫薩熟悉了中世紀的神祕主義，這對他以後的哲學思想和宗教思想的形成、發展有著重要的影響。

1416年，庫薩在海德堡大學藝術系註冊入學，這是他生平中第

---

❶ 有的學者堅持認為庫薩不曾在達文特的「共同生活兄弟會」生活和學習。參見 J. Max：《尼古拉・庫薩及其在庫斯和達文特的捐贈》，Trier 1906。

一件有文獻記載的事情。當時，海德堡大學是唯名論和宗教會議至上運動的中心。顯然，庫薩在這裡也受到了這兩種思潮的影響，因為它們在庫薩後來的思想發展中都具有一定的重要地位。然而，這裡的學習似乎未能滿足青年庫薩的精神需要。一年之後，他又轉學到意大利北部的帕多瓦大學學習。

帕多瓦大學是當時歐洲最著名的大學之一，也是當時歐洲最重要的學術中心之一。文藝復興時代的許多重要思想家都與這所大學有著或多或少、或直接或間接的聯繫。當時，一些外國青年來到意大利，其唯一目的就是學習人文學科，庫薩正是他們中間的一員。❷在這裡，庫薩主修的科目是法律，但在此之外他還廣泛地涉獵了數學、各門自然科學、哲學和神學。除了與當地的人文主義者有了初步接觸之外，庫薩還與三位影響了他一生發展的人物結下了持久的友誼，這就是他的老師西撒利尼 (G. Cesarini)、托斯卡內利 (Toscanelli) 和皮柯洛米尼 (E. S. Piccolomini)。西撒利尼是一位神學家、法學家、教會活動家，他不僅引導庫薩接受了古典文化的教育，而且還是庫薩日後踏入教界的領路人。托斯卡內利是一位醫生、數學家、天文學家、地理學家、物理學家，對後來達・芬奇的研究和哥倫布(Columbus)的航海都有過重要影響。庫薩對自然科學興趣的加深主要歸功於他。在庫薩病逝的時候，他始終守候在病床前。皮柯洛米尼是一位人文主義者、歷史學家，也就是後來的教皇庇護二世 (Pius II)，他曾和庫薩在巴塞爾宗教會議上一道為宗教會議至上運動奮鬥，一道出使德國。在他擔任教皇期間，庫薩成為他最親密的朋友、顧問和副手。

---

❷　參見P. O. Kristeller：《人文主義與文藝復興》，卷2，München 1976，頁88。

　　1423年，庫薩在帕多瓦大學獲得教會法博士學位，次年到羅馬求職未果，就回到家鄉做了律師。但是，他在第一次訴訟中就由於不符合規定手續而敗訴。這使他懊惱異常，最終放棄法律事業，決定為教會服務。1425年春，庫薩來到科隆大學學習神學和哲學。科隆大學是多米尼克修會的據點，同時也是當時神學和哲學的研究中心。在這裡，不僅阿爾伯特(Magnus Albertus)和他的學生托馬斯·阿奎那的傳統根深蒂固，德國神祕主義者艾克哈特、蘇索、陶勒的影響也是顯而易見的。在這裡，庫薩第一次接觸到教父時代偽狄奧尼修斯(Pseudodionysius)的著作，並明顯表現出對艾克哈特哲學的濃厚興趣。這兩位神祕主義者的思想對庫薩的影響可以說是決定性的。在庫薩日後的著作中，不僅充溢著對這兩位前輩的讚美之情，而且也包含著大量直接或間接出自這兩位前輩的思想。庫薩不顧艾克哈特的一些思想曾被教會當局譴責為異端或有異端之嫌，於1444年讓人為自己抄錄了艾克哈特的全部拉丁文著作，這個手抄本至今仍珍藏在庫薩家鄉的圖書館中，是當今僅存的艾克哈特拉丁文著作4部手抄本之一，堪稱極其珍貴的文獻。❸針對教會當年對艾克哈特的指控，庫薩明確地宣布，艾克哈特及其思想被誤解了。

　　在科隆大學時代，庫薩在神學和哲學研究之餘，也沒有完全放棄對教會法的研究。作為這一研究的一個重大成果，庫薩證明了教會要求世俗統治權所根據的所謂「君士坦丁贈予」(donatio Constantini)是8至9世紀偽造的。這一證明甚至早於愛拉斯謨從語言文字學角度出發所做的同樣證明。此外，在翻閱科隆教堂的豐富藏書時，庫薩意外地發現了普拉圖斯被視為已佚失的12部喜劇手稿。據

---

❸　參見 Louis Cognet:《上帝降生在靈魂中——德國神祕主義導論》，Freiburg/Basel/Wien 1980，頁30，197。

說，塔西佗(Tacitus)的《年代記》的重新發現極可能要直接追溯到庫薩，而塔西佗的《日爾曼尼亞》等著作的重新發現也有庫薩的間接參與。這些都引起了教皇派駐德國的特使、樞機主教、意大利人文主義者奧爾西尼(Orsini)的注意。此外，庫薩對奧爾西尼當時正在處理的一宗案件的獨特看法也給奧爾西尼留下了深刻的印象。奧爾西尼當時在人文主義者中間頗為活躍，通過與他的交往，庫薩得到了意大利人文主義者的承認，最先作為德國人進入了人文主義者的圈子。

1427年，庫薩離開了科隆，隨之也結束了他的求學時代。在近15年的時間裡，庫薩幾乎接觸到了當時西歐的所有哲學流派，修習了當時學校開設的大部分學科，這種豐富的求學經歷正是他日後作為「單一的聚焦點」把時代的各種不同光束聚攏於自身的前提條件。

二、巴塞爾宗教會議前後

離開科隆之後，庫薩先後在家鄉附近的幾個城市為教會服務，幾經輾轉，最後於1430年成為曼德沙德伯爵烏利希(Ulrich Graf von Manderscheid)的私人祕書。當時，烏利希剛被當地教會推選為特里爾大主教，但教皇卻委任了另一個人。1432年，庫薩作為烏利希的全權代表來到巴塞爾宗教大會，為烏利希的權利進行申辯。

無論是對於教會來說，還是對於庫薩個人來說，巴塞爾宗教會議都無疑是歷史上的重要一頁。對於教會來說，教皇馬丁五世召集這次會議的目的就在於繼續消滅異端，協調教廷與世俗王公貴族的矛盾，討論教會本身的改革問題。馬丁五世在會議開始後不久就死去，會議由繼任教皇尤金四世(Eugen IV)主持。這次會議在某種意

義上是教皇與宗教會議至上運動之間的一次決戰。會議的多數派主張宗教會議高於教皇，但遭到以教皇為首的少數派的反對。會議幾經波折，歷時近20年，其間還曾導致出現1439～1449年間兩個教皇並立的短暫分裂，最後以宗教會議至上運動的徹底失敗告終。對於庫薩來說，雖然他為烏利希申辯的使命未獲成功，但這次會議卻為他日後躋身入教界上層提供了一個進身之階。

擔任這次會議主席的不是別人，正是庫薩過去的老師、現任樞機主教西撒利尼。因此，庫薩一到巴塞爾，就被委以重任，參加了該會議四個主要小組之一——「信仰問題小組」的討論，並成為西撒利尼門下的重要謀士。西撒利尼傾向於主張宗教會議高於教皇的「會議派」，庫薩和皮柯洛米尼則是「會議派」的積極活動家。1433年，庫薩寫下了他的第一部重要著作《論廣泛的和睦一致》，並把它呈交給大會主席西撒利尼和出席這次會議的神聖羅馬帝國皇帝西吉斯孟(S. Sigismund)，這本書使他成為「會議派」的精神領袖。

「《論廣泛的和睦一致》是宗教會議至上論者在巴塞爾發表的主要理論聲明，而且始終是中世紀晚期政治思想的重要文獻之一」。❹這是一個關於教會和國家改革的冗長且又涉及面很廣的建議，其中心思想在於強調作為教會整體代表的宗教會議高於作為個人的教皇，主張通過宗教會議克服教會內部的分歧，實現教會的統一。在庫薩看來，這種統一不能通過與世俗統治者的對立來實現，而只有通過與他們的聯盟來實現。在這部著作中，庫薩已經表露出那個決定他一生理論與實踐的最高原則，即教會的統一高於一切。

但是，「會議派」內部無窮無盡的爭吵和它與教皇之間無法調解

---

❹ P. M. Watts：《尼古拉·庫薩：十五世紀一種關於人的觀點》，Leiden 1982，頁4。

的尖銳矛盾使庫薩的「會議派」立場發生了動搖。在1437年5月7日的一次重要會議上，「會議派」與「教皇派」之間的鬥爭達到了白熱化。在這一關鍵時刻，西撒利尼和庫薩都倒向了「教皇派」。 在此期間，由於土耳其人對拜占庭帝國的進攻，出現了東西方教會聯合的可能性。教皇藉口與希臘正教討論教會統一問題，率領包括庫薩在內的少數派於1437年5月20日離開了巴塞爾，到斐拉拉另行開會。

庫薩立場的轉變受到了「會議派」的嚴厲指責，被看作是一種「叛變」。後世的教會史學家對此也不乏非議。但也有一些學者認為：「對於庫薩來說，決定性的是分裂的威脅。在現實上，教會的統一只能由教皇來拯救，宗教會議已經不行了」。❺ 這說明，庫薩為了實現自己的最高理想，即教會的統一，而放棄了自己的信念，採取了現實主義的立場。從歷史的角度看問題，庫薩的這種作法並不令人奇怪。在15至16世紀，把教會的統一當做最高理想的也絕非庫薩一人。英國空想社會主義者托馬斯・莫爾(Th.More)甚至為此不惜獻出自己的頭顱。但無論如何，庫薩還是為背叛自己的政治信念付出了沈重的代價。

自此之後，庫薩成為歷屆教皇政策的堅定支持者，他的傑出才能和忠誠也受到歷屆教皇的賞識和肯定。離開巴塞爾不久，他作為教皇的三位特使之一，被派往君士坦丁堡去作爭取東方教會的工作。庫薩成功地執行了他此行的使命。1438年，拜占庭帝國皇帝、君士坦丁堡宗主教率領由700多位主教、神學家組成的龐大代表團來到佛羅倫薩，與西方教會討論合併問題。庫薩積極地參加了討論。會議最後在1439年發表了東西方教會合併的聲明。不過，由於種種複

---

❺　K. Jaspers：《尼古拉・庫薩》，München 1964，頁191。

雜的原因，這次合併事實上並沒有實現。

在此期間，留在巴塞爾的「會議派」繼續與教皇尤金四世對抗，甚至宣布開除尤金四世的教籍，另立菲力克斯五世 (Felix V) 為教皇。德國的王公貴族們在這次鬥爭中持中立態度。為了爭取德國人的支持，庫薩又被尤金四世任命為特使，在10年間幾乎走遍了整個德國，不知疲倦地為教皇進行遊說。例如1438年到紐倫堡帝國會議，1439年到美因茨選帝侯會議，1440、1442年兩度到法蘭克福帝國會議，1443年再度到紐倫堡，1447年到阿沙芬堡王公會議等。庫薩的努力並沒有白費。1447至1448年，德國皇帝與尤金四世簽訂維也納協議，表示支持教皇。為了酬報庫薩的傑出貢獻，尤金四世和剛剛繼任的尼古拉五世(Nicholas V)都先後提名庫薩為樞機主教，並把聖彼得大教堂作為他的命名教堂。按照雅斯貝爾斯的說法，「對於一個德國人來說，這是一個非同尋常的嘉獎」。❻庫薩的同行特使、當時還屬於宗教會議至上運動的皮柯洛米尼則不無揶揄地稱他為「尤金的赫拉克勒斯」。

在為教會利益不辭辛苦的奔波中，庫薩的哲學思維也結出了豐碩的成果。拜占庭之行不僅使他有機會得到了包括普羅克洛的《論柏拉圖神學》在內的幾部重要的希臘手稿，而且結識了一大批拜占庭學者，其中就有普勒托 (G. Plethon) 及其學生柏薩留 (B. Bessarion)。普勒托是一位新柏拉圖主義者，後來隨拜占庭教會代表團來到佛羅倫薩，成為佛羅倫薩復興柏拉圖主義的精神先驅。正是在他的鼓動下，柯西莫・美第奇(Cosimo de Medici)建立了佛羅倫薩柏拉圖學園，在這裡產生了費奇諾(M. Ficino)、皮科(G. Pico)等文藝復興時期重要的柏拉圖主義者。在從拜占庭返回佛羅倫薩的歸途中，

---

❻　同❺，頁18。

庫薩萌生了那個著名的思想，即「有學問的無知」，並把它作為自己
第一部哲學著作的標題。

在《論有學問的無知》一書的結尾，庫薩在給當時的樞機主教
西撒利尼的附言中談到了自己產生這一思想的過程和這一思想的核
心內容：「尊敬的教父，請接受我長時間以來沿著各種哲學體系的途
徑所追求的東西。不過，在這之前我始終未能成功，直到我循海路
從希臘返回時才得到它。我相信，這是從眾光之父得到的最高恩賜，
這方面的任何最完美的恩賜都是從他那裡來的。在有學問的無知中，
我以非理解的方式，即通過超越那人類能夠認識的不變真理，把握
了那不可理解者。……在所有這些深奧的問題中，我們人類的理智
都必須努力集中於那個各種對立面都在其中達到一致的單純
性」。❼在這段話中，庫薩對以往哲學體系的批判態度一目了然，而
對於自己思維方式的新穎性的欣賞也溢於言表。庫薩把自己的新思
想歸功於上帝的「最高恩賜」，這大概出自他作為基督教徒的虔誠信
仰。但它標誌著庫薩哲學思維的一次突變，卻是確定無疑的。在人
類文化史上，有過無數次這種「頓悟」的例子。新思想的產生固然
是長期知識積累和苦思冥想的結果，但也往往採取了「頓悟」的形
式。當阿基米德從洗澡池中躍出宣布他找到了測定王冠的方法，其
狂喜心情絕非故弄玄虛。庫薩的所謂「最高恩賜」顯然也屬於這樣
一種頓悟。由於缺乏直接的證明材料，我們無法確定庫薩的拜占庭
之行，尤其是與柏拉圖主義者的交往，是否為庫薩提供了某種啟迪。
但他的突變恰恰發生在此行的歸途中，似乎不應是一個偶然的巧合。

《論有學問的無知》這本書無疑奠定了庫薩整個哲學體系的基

---

❼　N. Cusanus：〈論有學問的無知〉，《尼古拉・庫薩著作集》（重印1488
　　年斯特拉斯堡拉丁文版），卷1，Berlin 1967，頁100。

本構架。它不僅提出了貫穿庫薩整個哲學發展的原則，例如有限與無限之間無比例關係，認識是逼近真理的無限過程、對立面的一致等等，而且首次系統地探討了庫薩哲學的三大主題，即「絕對的極大」——上帝、「限定的極大」——宇宙、「既絕對又限定的極大」——耶穌，而耶穌又只不過是極大的人而已。布盧門貝格 (H. Blumenberg) 在他編譯的庫薩著作選集《猜測的藝術》一書導言中指出：「無限的上帝、無限的世界、無限的人類精神，這是庫薩哲學的三個彼此契合的要素」。❽庫薩畢生孜孜不倦地探討的正是這三大主題及其相互關係。他由此開啟了近代哲學的一個重要傳統。17世紀形而上學正是以這三個主題為三大支柱建立起來的，而康德 (I. Kant) 也正是通過把這三者列為「先驗理念」來摧毀舊形而上學的。

1440年，庫薩還撰寫了另一部哲學小冊子——《論猜測》。這本書被人們看作是《論有學問的無知》的「姊妹篇」。它通過把人的認識規定為猜測，進一步展開和具體化了《論有學問的無知》的一些思想，並圍繞人的精神的認識能力和創造能力進行了一些探討，明確提出了人是「人形的上帝」或「小宇宙」的思想。此外，庫薩在1444～1445年還撰寫了幾部論述上帝的小冊子，例如《論隱祕的上帝》、《論尋覓上帝》等，進一步發揮了「否定神學」的思想。1449年，針對經院學者對《論有學問的無知》的指責，他又撰寫了《為有學問的無知作辯》。

1450年，當庫薩在人生的道路上走過了半個世紀的時候，他的事業在各方面都達到了頂峰。他在這一年到羅馬接受了樞機主教的職務，同時又被任命為布利克森主教，並再次受命出使德國和波希

---

❽　N. Cusanus：《猜測的藝術》，H. Blumenberg 編譯，Bremen 1957，編譯者導言，頁39。

米亞。他帶往羅馬的三部著作，即《平信徒論智慧》（簡稱《論智慧》）、《平信徒論天平試驗》（簡稱《論試驗》）、《平信徒論精神》（簡稱《論精神》），標誌著他哲學發展的第二個階段。在這三部著作中，庫薩借助羅馬廣場上一位平信徒同演說家和哲學家的對話，再次把人們引導到他的三大主題，即上帝、宇宙、人。《論智慧》探討了上帝即無限的精神或無限的智慧的問題；《論試驗》以人們如何借助試驗更準確地認識外部世界為主題；《論精神》則探討了人的精神，即唯一使人在其尊嚴和任務上成其為人的東西。尤其是在《論精神》中，庫薩著重探討了人的認識能力、認識過程、認識手段等，使以「有學問的無知」命名的哲學體系顯得更加完整。

三、布利克森主教

1450 年的最後一天，庫薩啟程前往德國赴任。作為教皇特使，他的使命是安撫這些長期騷亂不安的地區，推進這些地區的和平進程，並在教會和修道院內部進行一些改革。庫薩此行的使命遭到了徹底的失敗。當時，這些地區對教皇壟斷一切權力、千方百計聚斂財富的作法和對教會普遍腐敗的不滿已經達到了極點。為了緩和這種情緒，庫薩採取了一系列措施，例如允諾把每個教區為購買贖罪券支付的錢的一大部分歸還給該教區，以資助那裡的窮人和維持當地的教會；同意免費授予贖罪券，以作為對個人捐款給當地慈善機構的酬報；反對聖物崇拜、買賣聖職和教士的淫亂行為；勸阻宗教團體的擴散；整頓禮拜儀式等。但是，盡管庫薩在所到之處都受到隆重的接待，但一接觸到改革的實際問題就遭到種種抵制。即使勉強能夠實行，一旦他離開也就馬上恢復原狀。

在此之後，庫薩還先後在他自己的教區布利克森、羅馬城以及小城市奧維艾托試圖推行他的改革措施，但最終均以失敗告終。正如有的學者指出的那樣，「庫薩的主要對手最終表明在總體上就是宗教制度」。❾在教會普遍腐敗的當時，庫薩對教會的這種外在的改良無疑是隔靴搔癢。即使如此，上至教皇和樞機主教，下至各地教會和修道院，也都不讓他觸動自己任何既得的利益。而庫薩局限於傳統教會觀的有限改良，也很難獲得下層教士和民眾的有力支持，這是他最終失敗的主要原因。由此也就可以看出，自德國肇始的宗教改革運動已經成為歷史的必然。

庫薩的主教任職同樣是不成功的。他的任命一開始就遭到當地教會、修道院和奧地利公爵西吉斯孟(Sigismund)的一致反對。支持他的只有一些農民和哈布斯堡家族的老對頭，如瑞士人。他們和庫薩互相利用，以對付西吉斯孟。在這場鬥爭中，庫薩不惜採用了最激烈的手段，例如革除教籍、發布教會禁令切斷與國外的交通等。由此，威尼斯與北歐之間的商業通道受到了嚴重的損害，使這個地區失去了從過境貿易中得到的經濟利益。各種社會問題隨之產生，對教會的敵視和暴力行為與日俱增。1457年，庫薩前往因斯布魯克與西吉斯孟談判，歸途中遇到一批武裝分子的襲擊。庫薩因而指控西吉斯孟企圖謀殺他，認為自己只是由於上帝的幫助才化險為夷的。從此，為了安全起見，庫薩遷居教區南部的布痕什坦城堡。一年後，庫薩的老友皮柯洛米尼登上了教皇寶座，稱庇護二世，庫薩奉召回到羅馬，擔任了僅次於教皇的最高教職——「教皇總助理」。但他與西吉斯孟的鬥爭依然沒有停止。1460年，庫薩返回布利克森教區巡視，盡管採取了種種安全措施，也仍然被西吉斯孟圍困在布魯內克，

---

❾ 同❹，頁8。

被迫簽訂了城下之盟，在所有問題上都對西吉斯孟作了讓步，甚至在教廷對西吉斯孟提出抗議時還為這位政敵進行辯護。但他一踏上意大利的土地，就立刻宣布與西吉斯孟的條約是一項訛詐，沒有任何效力。庫薩與西吉斯孟的這場鬥爭一直持續到他生命的最後一刻。但一旦庫薩與支持他的教皇在前後幾天之內相繼去世，新教皇與西吉斯孟之間迅速實現了和解，庫薩當年執拗地提出的要求被悉數放棄。

庫薩晚年的精神生活也是痛苦的。雖然他是教皇庇護二世的密友和心腹顧問，在教廷中的地位也僅次於教皇一人，但他卻無法實現自己的政治理想，甚至常常不得不做些違背自己心願的事情。在給帕多瓦主教的一封信中，庫薩明確表示「對教廷裡發生的一切都感到厭惡」。庇護二世自己記載下的一段衝突也充分表明了庫薩內心的矛盾和痛苦，以及他與教廷和教皇的分歧。當時，教皇打算任命一位樞機主教，這僅僅是出自一種政治上的考慮。這項任命遭到了樞機主教們的激烈反對。教皇希望得到庫薩的支持，對他說：「請你不要站在那些這樣想的人一邊。你一直尊重我，請幫助我吧！」庫薩憤怒地望著教皇說道：「你想使我成為你的願望的附和者，我不能也不願意阿諛奉承，我恨那些溜鬚拍馬的作法」。庫薩再也控制不住地傾訴了自己的痛苦：「如果你能夠聽我說，我就告訴你，在這個教廷裡所發生的一切沒有一件使我滿意。沒有一個人克盡自己的職守。無論是你，還是樞機主教們，都不關心教會，所有的人都為野心和貪婪所驅使。要是我哪一次在樞機主教會議上談到改革，人們還嘲笑我。我在這裡是多餘的。請你允許我離開，我不能忍受這種風氣，我要隱居起來。由於我不能在公共場合生活，我希望獨自生活」。在說這番話時，庫薩激動得淚流滿面。但是，教皇的回答卻是：「你指

責在這個教廷中所發生的一切。就連我也沒有說一切都好。盡管如此，批評卻不是你的事情。聖彼得的教會託付給了我，而不是你。你的事情是安守本分地提出建議，但是沒有任何東西迫使我必須聽從你的建議。……對我的危害關係到教會的盛衰。我把你看作是樞機主教，而不是教皇。迄今為止我一直認為你是有理智的，但你今天卻失去常態。你請求我允許你離開這裡，我不答應你。……我待人若父，但我不想對提出不合理要求的人做出讓步。你說想隱居，在教廷之外尋求安寧。但哪裡是你安寧的地方呢？如果你尋求安寧，那麼，你必須拋棄你的精神的不滿足，而不是逃離教廷。只要你不控制自己的輕率、約束自己的精神，走到哪裡也將找不到安寧。你回去吧，如果你樂意，明天再來找我」。庫薩一言不發，滿面痛苦和羞慚，穿過與會者的行列，含著眼淚回到了自己的住所。但很快他又回到庇護二世的身旁。「他的態度顯得柔順些了，大大放棄了他那愚蠢的固執，並以此來表示，他對教皇的批評是毫無益處的」。庫薩最終還是順從了教皇。❿庫薩把自己的理想寄託在教皇身上，但他最終看到的卻是自己理想的破滅。對教會事業、對教皇本人的愚忠，使他也不可能真正地與他所厭惡的教廷決裂，只能眼看著教會的墮落和衰敗而回天乏術。作為一個有理想、有抱負的思想家，其內心的痛苦是可想而知的。這也是他為早年背棄自己的政治理想所不得不付出的重大代價。

　　1453年，土耳其軍隊攻陷了君士坦丁堡，這強烈地震動了西方拉丁世界。庫薩為此寫下了《論信仰的和平》一書，企圖借助協調一切宗教的信徒的思想來建立和平。1458年，新教皇庇護二世著手準備對土耳其發動十字軍東征。盡管庫薩意識到由陷入分裂的西歐

---

❿　以上參見K. Jaspers：《尼古拉·庫薩》，頁260～262。

發動的這場戰爭是不可能取得勝利的，但他還是隨同教皇來到了曼托瓦，為這次東征做準備。然而，長途的跋涉和繁重的事務已經使這位60多歲的老人不堪重負了。1464年8月11日，庫薩在烏姆布林教區的托迪城逝世。3天之後，雄心勃勃的教皇庇護二世也死於安科納城。這次東征也就無聲無息地結束了。庫薩的遺體被安葬在他的命名教堂──羅馬的聖彼得大教堂，正對著米開朗基羅 (B. Michelangelo)的摩西雕像，他的心臟則運回了家鄉庫斯，安放在由他贊助的聖尼古拉療養院的小教堂中。

在庫薩的晚年，無論是繁忙的教會事務，還是政治上的失意和失敗，都未能阻止他的哲學思考。尤其是在他的生命的最後7個年頭，他的創作活動又達到了一個新的高潮。庫薩似乎已經預料到自己將不久於人世，他的晚期作品大多是對過去的思想的整理和補充。其中，《論綠寶石》、《論球戲》、《論智慧的追逐》被看作是他晚期作品的代表。

作為主教、樞機主教，庫薩一生還做了大量的講道，保存下來的約有300多篇，另外還有大量的書信。其中有許多清晰地論述了庫薩的基本哲學思想。

此外，作為一位人文主義者，作為一位倡導讀上帝親手寫下的書即讀大自然這本書的哲學家，庫薩一生還始終保持著自然科學研究的濃厚興趣。他在學生時代就受到自然科學方面的良好教育。雖然後來獻身於教會事務和哲學研究，但他並沒有放棄自己的自然科學研究。庫薩的自然科學興趣主要集中在數學、天文學和物理學。他一生著有10多篇數學論文，大多是對與圓有關的數學問題的探討，這些研究有力地促進了庫薩的哲學思維。早在1436年，庫薩就撰寫了《論曆法改革》一書，提出了曆法改革的方案。在1440年的

《論有學問的無知》一書中，庫薩就已經明確地提出地球和其他天體一樣處在不停的運動中，宇宙沒有一個固定不動的中心的思想。1444年，庫薩在出使德國期間又購買了一批天文儀器，這是德國最早的天文儀器，至今仍保存在庫薩的家鄉。在天文觀測的基礎上，庫薩在此期間寫下的手稿再次重申了地球運動的思想。在1450年完成的《平信徒論天平試驗》一書中，庫薩提出了物質的普遍可測度性的思想，要求在量上考察自然，並設計了一些通過測重來研究事物的試驗。甚至在他逝世前兩年的1462年，庫薩還又撰寫了《論世界的形狀》一書，遺憾的是這部著作並沒有保存下來。庫薩在科學史上的地位也受到了後世科學史家們的肯定。丹皮爾 (W. Dempier)在《科學史》中是這樣評價庫薩的：「另外一位幫助推翻經院哲學的教士，是庫薩的尼古拉主教。……不管他對於知識的看法怎樣，尼古拉在數學和物理學方面都有顯著的貢獻。他用天平證明生長著的植物從空氣裡吸取了一些有重量的東西。他提議改良曆法，認真地嘗試把圓化為面積相等的正方形，並且拋棄了托勒密體系，擁護地球自轉的理論，成為哥白尼的先驅。尼古拉、布魯諾與天文學家諾瓦臘都認為運動是相對的，只有數才是絕對的，這樣也就在哲學方面，為哥白尼鋪平了道路」。⑪在邁納出版社1932年為庫薩全集批判版發行的增訂說明書中，拜厄瓦爾特(W. Beierwaltes)在談到庫薩對自然科學的貢獻時寫道：「庫薩在數學領域內的成就，尤其是他關於求圓面積以及 π 這個數字的無理性的研究，使康托 (Cantor)在自己的數學史中稱庫薩為他那個時代唯一的天才人物。他從自己的哲學中為在宇宙論角度考察世界整體得出的那些結論（例如關於地球自轉的觀點），導致他在物理、化學、醫學領域得出了新穎的、

---

⑪　W. 丹皮爾：《科學史》，北京，商務印書館，1975，頁152。

開創性的結論，導致了他的曆法改革和他對托勒密世界地圖的改善。
這些引起了從刻卜勒到亞歷山大‧馮‧洪堡(Alexander von Hum-
boldt) 等偉大的自然科學家的高度贊揚，贏得了精密自然科學的史
學家們的欽佩和懷念」。這一切都說明，庫薩在他那個時代是站在科
學研究的前沿的。這些研究不可能不影響到他哲學宇宙觀的形成。
庫薩的哲學宇宙觀一方面是他哲學思辨的結果，另一方面也是他總
結自己和他人科學研究成果的結果。

　　綜觀庫薩哲學的發展，可以清楚地看出，早在《論有學問的無
知》一書中，他的哲學的基本格局就已經形成，這就是「有學問的
無知」的原則和融上帝、宇宙、人為一體的主題。由於這三大主題
內在的邏輯關係，最終必然歸結為人這個主題。其結果就是突出了
人、人的精神、人的思維、人的理性的地位。庫薩本人也許意在用
新的方式維護和延續舊的傳統，但他的思想卻自覺或不自覺地反映
著那新的時代精神，成為時代精神的聚焦點。

第三章　上帝 — 絕對的極大

　　在庫薩的第一部哲學著作，也是他的代表作《論有學問的無知》一書中，第一卷第二章的標題是「對後面問題的預先說明」。從這個標題可以看出，它涉及的是這本書的理論前提。其實，也可以毫不誇張地說，這一章可以看作是他整個哲學體系的總綱。三種「極大」的思想就是在這一章中首次提出的。其中，關於上帝 ——「絕對的極大」是這樣表述的：「一個事物，不可能有比它更大的事物存在，我稱之為極大。但是，完滿屬於一。因此，一本身也就是存在，它與大一致。因為如果這樣一種一自身擺脫了所有的聯繫和限制，那麼，顯然就沒有任何東西與它相對立，因為它是絕對的大。因此，極大是絕對的一，因為它是一切；一切都在它之中，因為它是極大。由於沒有任何東西與它對立，極小也同時與它一致；因此它也在一切之中。由於它是絕對的，所以它在事實上是一切可能的存在，不受任何事物限制，一切事物都受它限制。這一極大就是上帝，它獲得了一切民族的信仰，我將在第一卷中超出人的理性以非理解的方式……來研究這一極大」。❶

　　這段話是庫薩關於上帝的經典性描述。這裡必須說明的是，這一描述並不是認識上帝的結果，而是把握上帝的先驗前提，是庫薩

---

❶　N. Cusanus：〈論有學問的無知〉，《尼古拉・庫薩著作集》，卷1，頁3。

全部上帝觀的發源地。因此，有必要首先按照庫薩本人的思路，就他的這一理論前提展開一些討論。

一、絕對的極大是無限的一

極大(maximum)和極小(minimum)是庫薩從當時的物理學借用的術語，但他在使用時卻賦予它們以新的意義。❷在他這裡，極大和極小沒有任何量的規定性，毋寧說，它們是對量的超越。庫薩明確地指出：「本卷書中所使用的極大和極小，是兩個具有絕對意義的超越性術語。它們超出了與質量和力的量的任何聯繫，在其絕對的單純性中包容了一切」。❸因此，在這裡必須把它們與通常所說的最大與最小區別開來。因為後者是通過量的比較得出的，屬於有限者(finita)的領域；而絕對的極大和極小卻是不可比的，它們是無限的(infinita)。「在無限和有限之間不存在任何比例關係，這是不言而喻的。由此就可以清楚地看到，在能夠發現可超過與可被超過的事物的地方，就不能達到絕對的極大。因為超過與被超過都是有限的，而這裡所說的極大必須是無限的」。❹到了晚年，庫薩對這一思想做了更精確的表述：「有學問的無知這一原則的根據就是，在允許增大或減少的事物中，也許可以達到實際上的最大和最小，但永遠達不到絕對的極大或絕對的極小」。❺

---

❷ 參見 P. M. Watts：《尼古拉·庫薩：十五世紀一種關於人的觀點》，頁6。

❸ 同❶，卷1，頁6。

❹ 同❶，卷1，頁4～5。

❺ N. Cusanus：《論智慧的追逐》，拉德對照版，Hamburg 1964，頁120。

　　所謂極大，就是不可能有比它更大的事物存在，同樣，所謂極小，就是不可能有比它更小的事物存在。在這種意義上，它們都是絕對的、無限的。然而，所謂無限，就是不可能有其他事物的存在與它相對立，作為它的限制。因此，無限只能有一個，極大必然與極小契合。極大作為無限，是最完滿的東西，它必然在現實上是它所能是的一切，也就是說，它不能更大，也不能更小，它既是極大，也是極小。極小也可以說是極大的小。庫薩進一步指出，如果把極大與極小同量聯繫起來，就可以更清楚地看出這一點。極大的量是最高級別的大，極小的量是最高級別的小。如果在思想中把大和小的性質去掉，從而把極大和極小同量分離開來，極大就與極小契合了，它們都表示最高的級別。因此，絕對的極大必然是無限的一。「絕對的一比較確切地符合不可名狀的上帝。上帝是一，以致他現實地是他所可能是的一切」。**❻**

　　在這裡，必須避免把極大的一與數字的一混為一談。庫薩明確指出，絕對的一不可能是數字。因為任何數字都是有限的，是允許超過與被超過的，因而既不可能是極小，也不可能是極大。「毋寧說，一作為極小是一切數字的起源，作為極大是一切數字的極限。因此，沒有任何東西能與絕對的一相對立，它自身就是絕對的大，是永受祝福的上帝。作為極大的一，它不能被增大，然而它是一切它所能是的事物。因此，它不能是數字」。**❼**顯然，這裡把上帝稱之為一，除了強調上帝作為絕對的極大的唯一性之外，還強調了上帝的包容性、普在性、普是性，即一切事物都在上帝之中，上帝也在一切事物之中，上帝就是一切。

---

❻　同**❶**，卷1，頁7。

❼　同**❶**，卷1，頁7。

二、絕對的極大的三一性

把絕對的極大規定為無限，規定為一，是用哲學的語言來表述基督教的上帝。這樣，就必然要涉及到上帝觀的一個核心問題，即上帝的三位一體。庫薩在這裡提出了「相等」、「結合」這兩個概念，和「一」一起構成了極大的三位一體。

首先，先於異的東西就是永恆的，因為異和可變是一回事，而在本性上先於可變的就是不可變，即永恆。而異是一加上點兒別的東西構成的，因此，一在本性上先於異，是永恆的。

其次，一切不相等都是由等量再加上點兒什麼構成的。因此，相等在本性上先於不相等。但是，不相等在本性上是與異同時並存的。凡是有不相等的地方，就必然有異。因此，相等在本性上也就先於異，相等是永恆的。

最後，如果有兩個原因，其中一個在本性上先於另一個，那麼，前一個原因的結果在本性上也將先於後一個原因的結果。現在，一或者是結合的原因，或者是結合的結果；二或者是分化的原因，或者是分化的結果。這樣，正如一在本性上先於二一樣，結合也就在本性上先於分化。由於分化和異在本性上是同時並存的，所以，結合也是先於異，它和一一樣是永恆的。

這樣，一、相等和結合就都是永恆的。但是，不可能存在好幾個永恆。因為如果有多個永恆，那麼，由於一在本性上先於多，就必然有某物在本性上先於這些永恆，這是悖謬的。此外，如果有多個永恆，就必然由於其中的一個缺少另一個而使它們每一個都是不完善的，從而都不是永恆的。因此，「由於一、相等和結合都是永恆

的，所以，一、相等和結合就是同一個東西。這就是畢達戈拉斯 (Pythagoras)——所有哲學家中的第一個、意大利和希臘的驕傲——所教導的那個應受尊崇的三重的一」。❽

　　庫薩進一步指出，人們把一叫做聖父，把相等叫做聖子，把結合叫做愛或者聖靈，這是出自在有限事物中存在的某種類似性，而這種類似性是很不確切的。這樣，庫薩也就大膽地用哲學的術語取代了宗教的術語。這是他用哲學的理性神取代宗教的人格神的具體表現。

三、絕對的極大的必然性

　　絕對的極大是無限的一。正如在數學中一是多的起源一樣，絕對的極大也是一切事物的起源。

　　庫薩認為，除了唯一絕對的極大之外，其他一切事物都是有限的。有限的事物都有一個開端。但是，不能說那個比所有既定的有限事物都大的事物自身仍是有限的，並把這一過程無限延伸。因為在可大可小的事物中，推進到無限是不可能的，那樣就會使無限也屬於有限的領域。因此，極大必然是一切有限事物的起源和界限。如果絕對的極大並不存在，那就沒有什麼東西能夠存在了。因為所有的非極大都是有限的，它們都有一個起源，必然從另一個東西產生，否則，如果有限事物是從自身產生的，它們就會在自己還不存在的時候就已經存在了。因此，無論是就起源來說，還是就原因來說，都不能推進到無限。必須有一個極大作為萬物存在的根據，沒有它，什麼事物也不能存在。

---

❽　同❶，卷1，頁10。

此外，絕對的極大作為無限，沒有任何東西能與它相對立，包括非存在和極小的存在。由於極小的存在也就是極大的存在，那麼，怎麼還能設想極大不存在呢？沒有存在，就不能設想任何事物存在。絕對的存在也就是絕對的極大。因此，沒有極大，就不能設想任何事物存在。絕對的極大就是最高的真理。說極大存在，或者不存在，或者既存在又不存在，或者既不存在又不不存在，這些都是最高的真理。無論採用這些命題中的哪一個，都證明極大的必然存在。早在寫作《論有學問的無知》之前的1439年，庫薩就在一次著名的講道中指出：「想像上帝不存在是不可能的，因為上帝就是真理，關於他不能想像他不存在。由於真理是思維的對象，因此，無論是想像上帝存在還是上帝不存在，只要肯定二者中的一個是真的，也就肯定了上帝的存在。上帝超越了一切對立和矛盾，他的存在必然通過對立的兩個環節表現出來」。 ❾

這可以看作是庫薩關於上帝必然存在的證明。顯然，庫薩在這裡更多地回到了柏拉圖主義的傳統，拋棄了托馬斯 · 阿奎那用有限事物的有限進展來證明無限、證明上帝存在的做法。由此也就直接導致了上帝不可理解的結論。

四、絕對的極大是不可理解的

宣稱人的自然理性不能認識上帝，這是基督教的一貫傳統。《聖經 · 哥林多人前書》就寫道：「世人憑自己的智慧是認識不到上帝的，上帝卻樂意通過所謂愚蠢的道理拯救有信仰的人」。❿ 在貫穿教

❾ N. Cusanus：〈神聖的日子〉，《海德堡科學院大會報告集》哲學、歷史部分，1928~1929年度，第13篇，拉丁文版，頁13。

父哲學和經院哲學的「信仰與理性之爭」中，絕大多數基督教哲學家都在不同程度上基本遵循了這一觀點。即使在大膽採用重視理性的亞里士多德哲學的「革新者」托馬斯・阿奎那那裡，人的自然理性也只能認識超自然世界的極小一部分，而且這還立即招致了弗蘭西斯教派的激烈反對。其實，在上帝最終不可認識這一點上，這兩派基督教哲學家在總體上是一致的。

庫薩的論證是從對認識方式和認識過程的分析開始的。顯然，庫薩已經明確地開始從認識論的角度出發來解決上帝問題了。恰恰是在這一點上，表現出他與傳統基督教哲學的重大區別。對此，我們以後再展開討論。庫薩認為，上帝為每一種生物都配備了追求最佳生活方式的自然欲望以及與此相適應的功能和識別能力。對於人來說，這就是人的求知欲和理智。人的自然生活規律要求理智不知疲倦地研究一切事物，以便獲得真理。但毫無疑問，我們只能把那些所有具有健康理智的人都不能否認的東西看作是最真實的。而在其他情況下，「一切研究者都是在與預先確定的已知者的比較中，根據比例關係做出判斷的。因此，一切研究都是比較，都以比例為媒介」。❶認識就在於確立已知和未知之間的比例關係(proportio)。如果已知和未知之間可以直接進行比較(comparare)，認識就相對容易一些，知識的確定性也就相對大一些；如果二者之間有許多中間環節，認識就相對困難一些，知識的確定性也就相對小一些；如果二者之間根本沒有可比關係，認識也就無從談起。在數學這門學問中，我們可以清楚地看到這一點。

由此可見，庫薩所說的認識完全是建立在度量、比較和區分之

---

❿ 林前 1:21。

❶ 同❶，卷1，頁2～3。

上的認識，是在事物之間尋求同和異的認識。這樣的認識只能停留在有差異存在的領域，或者用庫薩自己的語言說，停留在「可超過和可被超過」(excedens et excessum) 或者「可大可小」(magis et minus)的領域。然而，絕對的極大是無限，而無限與有限之間是沒有比例關係的。「無限者作為無限的東西擺脫了一切比例關係，因此是無法認識的」。❷絕對的極大超越了一切差異，而我們的理智卻根本不能通過知性的途徑把對立的東西在它們的起源中聯繫起來。「由於遠遠低於那無限的力量，我們的知性沒有能力把無限遠離的對立面聯繫起來」。❸絕對的極大比我們所能理解的還要大。因此，我們的有限理智不可能認識上帝的無限真理。「一切不是真理自身的事物，都不能精確地度量真理，就像非圓不能精確地度量圓一樣。……因此，自身不是真理的理智，決不能如此精確地把握真理，以致於再也不能更為精確地把握它了。理智與真理的關係就像多邊形和圓的關係。畫出的多邊形的角越多，就越與圓相似。但是，除非使它與圓相等，否則，它的角即使無限地增多，也不會等於圓自身」。❹

五、否定神學

為了進一步說明上帝是不可理解的，庫薩還採用了傳統的否定神學的觀點。否定神學最初是由偽狄奧尼修斯提出來的。他把否定神學和肯定神學區別開來。肯定神學是用肯定性的名稱來規定上帝，而否定神學則認為上帝超越了一切謂詞，是超存在，只能在無知中

---

❷　同❶，卷1，頁3。

❸　同❶，卷1，頁6。

❹　同❶，卷1，頁5。

接近他。這一思想為中世紀哲學家愛留根納 (J. S. Eriugena) 所繼承。愛留根納認為肯定神學關於上帝的那些規定不僅沒有說明上帝，反而限制了上帝。因此，關於上帝的最好表述是否定的表述，即不能說上帝是什麼，而只能說上帝不是什麼；換句話說，對上帝不能作任何規定。

　　庫薩全盤接受了這種否定神學的觀點。在他看來，由於上帝是絕對的極大，沒有任何東西能夠與他對立，一切名稱都不能確切地符合他。一切名稱都產生自知性的活動，是為了把一事物與其他事物區別開來而使用的。而一事物之所以能與其他事物區別開來，是由於該事物的個性。而上帝超越了一切差異，他就是一切事物，因而不可能有確切的專名。任何名稱都在自身包含著特殊的東西，因而也就包含著區別和對立。如果稱上帝為真理，就有謬誤與他相對立；如果稱他為美德，就有邪惡與他相對立；如果稱他為實體，就有偶性與他相對立；如此等等。因此，我們給予上帝的那些肯定性名稱，都是參照存在於被創造物之中的性質的，甚至像三位一體、聖父、聖子、聖靈這些名稱，也都只能在非常有限的程度上適用於上帝。「一」可以說是最適宜於上帝的名稱了，但即使如此，我們也不是在通常所說的「一」的意義上使用的。這裡所說的一，無論是異還是多，都不能構成它的對立面，它在自身的單純性中包容了一切。如果忽視了這一點，肯定神學就會發展成為偶像崇拜。「否定神學對於肯定神學來說是如此必不可少，以致沒有它，上帝就不會被當做無限的上帝，而是被當做創造物來崇拜。這樣一種上帝崇拜只是偶像崇拜，它把只有真理才配享的東西給予一個形象」。[15] 也正是在這種意義上，庫薩指出：「神聖的無知教導我們，上帝是不可言說

---

[15]　同[1]，卷1，頁35。

的，這是因為他比一切可以命名的事物都無限地更大。由於這是絕對真實的，如果我們借助排除法和否定法來談論他，就會更加正確。……按照這種否定神學，上帝既不是聖父，也不是聖子，亦不是聖靈，而僅僅是無限」。⓰ 由此出發，庫薩對傳統的神學作了嚴厲的批判。他指出：「如果我們作為具有知性的人談論上帝，就會把上帝置於知性的規則之下，這導致我們對上帝肯定一些東西，否定一些東西，以選言的方式使用一些不相容的判斷。這是幾乎所有現代神學的方法，它們以知性的方式來談論上帝。我們以這種學院的知性方法容忍了許多東西，據我們所知，這些東西對於單純的一的領域是應予否定的」。⓱

在一篇題為〈論隱祕的上帝〉的對話中，庫薩的這種否定神學淋漓盡致地表現了出來。這裡不妨摘錄其中的一段：

　　異教徒：……請你回答我的問題：關於你所敬拜的上帝，你
　　　　　　究竟知道些什麼？
　　基督徒：我知道，凡是我所知道的都不是上帝，凡是我概括
　　　　　　的都不與上帝相似，毋寧說上帝超越了這些東西。
　　異教徒：那麼，上帝就是無了。
　　基督徒：上帝不是無，因為無本身還有「無」這個名稱。
　　異教徒：如果上帝不是無，那他就是某個事物了。
　　基督徒：他也不是某個事物，因為，某個事物並不是每個事
　　　　　　物，而上帝是某個事物並不勝過他是每個事物。
　　……

⓰　同❶，卷1，頁35。
⓱　N. Cusanus：〈論猜測〉，《尼古拉．庫薩著作集》，卷1，頁132。

異教徒：上帝可以被稱道嗎？

基督徒：凡是被稱道的事物，都是渺小的。沒有人能夠把握上帝之大，他始終是不可言說的。

異教徒：那麼，上帝就是不可言說的了？

基督徒：上帝也不是不可言說的。毋寧說，他在一切事物之上而是可言說的。因為，他是一切可稱道的事物的根據。因此，賦予其他事物以名稱的上帝，自身怎麼會沒有名稱呢？

異教徒：那麼，上帝就是既可言說又不可言說的了。

基督徒：這樣說也不對。因為，上帝並不是矛盾的根源，而是先於任何根源的單純性自身。因此，也不可以說，他是既可言說又不可言說的。

異教徒：關於上帝，你究竟想說些什麼呢？

基督徒：上帝既非被稱道，亦非不被稱道，亦非既被稱道又不被稱道。由於他那超凡的無限性，凡是能夠以選言的和聯言的方式借助贊同或者反對說出來的東西，都不適用於他。他是唯一的本原，先於任何關於他所能形成的思想。

異教徒：那麼，存在也不適用於上帝嗎？

基督徒：你說對了。

異教徒：那麼，上帝就是無。

基督徒：上帝既不是無，不是不存在，也不是既存在又不存在，而是存在與不存在的一切本原的源泉和起源。

異教徒：上帝就是存在與不存在的本原的源泉？

基督徒：不是。

異教徒：你剛剛才這樣說過。

基督徒：剛才我這樣說時，我說的是對的；現在我予以否認，
　　　　說的也是對的。因為，即使有存在和不存在的某些
　　　　本原，上帝也先行於它們。但是，不存在並沒有一
　　　　個不存在的本原，而是有一個存在的本原。因為，
　　　　不存在為了存在而需要一個本原。所以，有一個不
　　　　存在的本原，因為，沒有這一本原，就沒有不存在
　　　　本身。

異教徒：上帝也不是真理？

基督徒：上帝不是真理，而是先於任何真理。

異教徒：他是某種不同於真理的東西？

基督徒：不是，因為「不同」不能適用於上帝。毋寧說，上
　　　　帝無限地超越於任何被我們理解和稱道為真理的東
　　　　西之先。⑱

　　這樣一個上帝的確是讓人摸不著頭腦,除了什麼也不說之外,
人們還能做什麼呢?

六、從絕對的極大到有學問的無知

　　以上，我們論述了庫薩的上帝觀的基本前提，之所以是前提，
乃是因為更豐富的內容要到後面才能逐步展開。但即使如此，從這
些基本前提也可以看出，庫薩的上帝觀已經在很大程度上離開了基

---

⑱ 尼古拉·庫薩:〈論隱祕的上帝〉,《論隱祕的上帝》,李秋零編譯,香
　港, 1994, 頁17～19。

督教以及正統經院哲學的上帝觀。在西方的歷史上，哲學是從原始的宗教和神話中分化出來的。在這一過程中，哲學所採取的形式很少是極端的無神論，它更多地是以理性的神來取代宗教的神。這種取代主要有兩種類型。一種以塞諾芬尼(Xenophanes)和斯多亞學派為代表。塞諾芬尼激烈地批判了神人同形同性論，把神等同於作為宇宙整體的「一」。斯多亞學派則認為神就是世界的靈魂，或稱「邏各斯」(Logos)和「普紐瑪」(Pneuma)。它彌漫於宇宙之中，滲透於萬物之內，是宇宙的秩序和萬物的內在動因。另一種類型以柏拉圖和亞里士多德為代表。柏拉圖把神稱之為「世界的創造主和父親」。❶❾而亞里士多德則一方面把神看作是不被推動的第一推動者，它作為最高的善是事物追求的目的因，推動著世界的運動。但另一方面，他又在形而上學的意義上把神看作是自己認識自己的思想。從總體上來說，這兩種類型都是哲學學說，而不是宗教教義。它們都反對擬人化的宗教神。但就其具體的表現形式和造成的實際結果來說，這兩種類型又有著很大的差別。塞諾芬尼和斯多亞學派把神等同於宇宙或宇宙的本質，主張神的泛在性，代表了一種泛神論(pantheism)的傾向。泛神論克服了神與世界的對立，有助於貫徹從世界自身尋求說明世界的根據的原則。但由於神的泛在性需要有較高的哲學思辨才能把握，因而它包含著走向宗教神祕主義的趨勢。柏拉圖和亞里士多德的觀點從因果關係的推論出發不得不設定一個初始因的存在，並把它稱之為神。如果把這種觀點貫徹到底，必然會把世界的繼續發展歸結為世界本身的因果作用，從而排斥神對世界的進一步干涉。因而它包含著一種理神論(deism)的傾向。但是，這種觀點由於畢竟肯定了一個超越世界的神的存在，並把他與世界對立

---

❾　《古希臘羅馬哲學》，北京，三聯書店，1957，頁208。

起來，從而又極易為宗教所利用。在亞里士多德之後，新柏拉圖主義把這兩種類型融為一體，一方面把神說成是「一」，認為它產生一切，是無因的初始因；另一方面又認為「一」產生世界不是「創造」，而是「流溢」。這樣一來，世界上的一切事物都分有了「一」的神性。新柏拉圖主義的這種觀點對於後來基督教教義的形成具有決定性的作用。這樣，歷史似乎開了一個不大不小的玩笑。哲學在經歷了2000年的發展後，似乎又回到了原來的起點。古希臘哲學以用理性神取代宗教神始，卻以新柏拉圖主義為理性神塗上濃重的宗教色彩終。最後在中世紀基督教哲學中，宗教神又取代了理性神，以致近代哲學又面臨著用理性神取代宗教神的任務。庫薩宣稱絕對的極大是一切事物，一切事物都在極大之中，實際上等於把上帝看作是宇宙、自然；他把極大看作是宇宙萬物的起源，認為極大在萬物之中，實際上也就是把上帝等同於事物的內在本質；他不贊成用各種宗教術語表述上帝，而改用哲學的語言，實際上也就是在用理性的神來取代宗教的神。盡管庫薩和他的一些研究者竭力避諱庫薩的泛神論傾向，實際上他卻是近代哲學採取泛神論方式擺脫宗教束縛的第一人。當然，歷史是不會一成不變地重複的。中世紀的基督教哲學既是以宗教教義為依據，為宗教教義作論證的，同時又畢竟還是一種哲學形態。這就決定了它的上帝也必然具有雙重的身分：他既是宗教的上帝，又是理性的上帝。同樣，庫薩哲學中所體現的再次用理性神取代宗教神的努力也決非古代哲學的簡單重複，而是在更高水平上的再經歷。用黑格爾的話說，哲學走過了一個圓圈。此外，我們也不可忘記，庫薩是一個虔誠的天主教徒，是羅馬天主教的高級神職人員，天主教的信仰依然是他不可能完全掙脫的襁褓。在他的哲學中，上帝是絕對的極大，而宇宙只是相對的極大，因而上帝

和宇宙之間還是有著相當大的距離的。所以,我們也只能說庫薩的哲學有泛神論傾向,而不能說他的哲學就是泛神論。

然而,在庫薩的上帝觀中,還隱伏著一個無法迴避的疑難。一方面,上帝是不可理解的;如果僅僅停留在這一點上,只會讓人得出宗教蒙昧主義和神祕主義的結論,導致放棄認識的結果。而另一方面,人的理智又是「永不滿足的」,甚至有點「知其不可為而為之」。因為就像一切生物都必須從與自己的生命形式相適應的食糧中取得營養一樣,人的精神也必須從最高智慧取得營養,否則,精神的活力就會衰竭。而且,「既然人來到這個世界上乃是為了尋覓上帝,在找到上帝後皈依上帝,並在這種依持中得到安寧,假如人並不能在這個感性的和形體的世界上尋覓和觸及上帝,……並且人也不能在理性的抽象中接近上帝,……那麼,人怎麼能夠去尋覓上帝以求找到他呢?毫無疑問,如果不是這個世界能夠有助於尋覓者,那麼,人被遣派到這個世界上來就毫無意義。因此,這個世界必然要為尋覓者提供幫助,而尋覓者也必須知道,無論是在這個世界上還是在人所概括出的任何東西中,都沒有與上帝類同的東西」。❷⓿

如何解決這一疑難,無疑是庫薩長期思考的中心問題。但是,盡管他「長時間以來沿著各種哲學體系的途徑」苦苦探索,但卻始終未能成功,直到他循海路從希臘返回時,才蒙上帝的「最高恩賜」找到了解決辦法,這就是「有學問的無知」。同時,也正是由於借助於「有學問的無知」解決了這一疑難,他才能夠最終結束和超越了中世紀經院哲學的傳統思維模式,成為一個新的哲學形態的開創者。

---

❷⓿ 尼古拉・庫薩:〈論尋覓上帝〉,《論隱祕的上帝》,頁25。

第四章　有學問的無知

　　庫薩用「有學問的無知」(docta ignorantia) 來命名他的第一部
重要哲學論著。以後，這一術語又多次出現在他的其他著作中，以
致這個看起來有點自相矛盾的概念成為貫穿庫薩整個哲學的主要線
索，乃至成為庫薩哲學的代名詞。

　　在拉丁語中，docta一詞是動詞docere（教學、講授）的被動態
完成分詞，作形容詞用有「受過教育的」、「有學問的」、「聰明的」
等意思。ignorantia則是希臘文中的gnosis（真知）加上拉丁文否定
前綴in衍化出來的一個詞，意為「無知」。 在西方哲學史上，是奧
古斯丁最早在一封信中使用了這一術語。奧古斯丁寫道：「依我說，
在我們裡面有某種有學問的無知，它之所以是有學問的，乃是由於
上帝的靈，是上帝的靈幫助了我們的孱弱」。❶在他之後，偽狄奧尼
修斯、愛留根納和波納文圖拉 (Bonaventura) 也都使用過這一術語。
不過，在他們那裡，還都沒有對此展開過具體的論證。該術語的基
本涵義在於我們對上帝的認識貌似有知，實則無知。

　　庫薩接受了奧古斯丁等人使用過的這一概念，但卻賦予它以新
的內涵和具體的闡釋。在庫薩看來，上帝是不可理解的，在這種意
義上，我們的認識是無知；但是，庫薩所否定的不是一般意義上的

---

❶ 轉引自R. Eisler:《哲學概念詞典》，卷1，Berlin 1927，頁290。

認識上帝的可能性,而是精確地(praecise)認識上帝的可能性。正因為這一點,他同時也肯定了非精確地、近似地認識上帝並使這一認識無限地精確化的可能性。在這種意義上,認識又是「有學問的」;尤其是,人類認識到自己的無知,這本身就是「有學問的」。因此,認識是「有學問的無知」。這樣,在奧古斯丁等人那裡表現為否定人的認識能力的「有學問的無知」,就被庫薩從一個消極的學說改造成為積極的學說,成為對人的無限認識能力的積極肯定。

然而,人究竟是怎樣獲得對上帝的近似性的知的呢?

一、以非理解的方式把握不可理解者

在《論有學問的無知》一書的結尾,庫薩為「有學問的無知」作了言簡意賅的注釋:「在有學問的無知中,我以非理解的方式,即通過超越人類能夠認識的不變真理,把握了那不可理解者」。❷ 顯然,有學問的無知的核心內容就在於「以非理解的方式把握不可理解者」(incomprehensibilia incomprehensibiliter amprecteri)。

在庫薩的哲學體系中,使用了許多讓人聽起來有點「彆扭」的術語。這恰恰是正在掙脫舊樊籠的新思想尚不成熟的表現。關於這一點,卡西勒曾有過精闢的論述。他指出:「一方面,庫薩古怪的拉丁文是晦澀的、難解的、笨拙的,但另一方面,它在自身中卻包含了豐富的獨特新穎的用語,經常用一個詞,用一個出色地鍛造出來的術語,閃電般地照亮了推動著他的重大基本問題的整個思辨深淵。只有從他面對中世紀所處的整個思想環境出發,才能理解這種拉丁文。長期不斷絞盡腦汁搜索他的所有著作所特有的那些表達方式,

---

❷ N.Cusanus:〈論有學問的無知〉,《尼古拉・庫薩著作集》,卷1,頁100。

只不過是一種徵兆，說明如今經院哲學的巨大財富如何開始擺脫其教條主義的僵化狀態，說明這一財富沒有被拋到一邊，但卻被引入到一個嶄新的思想運動之中」。❸「以非理解的方式把握不可理解者」就是一例。它清楚地表明了庫薩哲學與當時流行的托馬斯主義、唯名論哲學和神祕主義的區別。所謂非理解的方式，是相對於理解的方式而言的。在庫薩看來，理解(comprehensio)是一種知性的思維，其最重要的手段就是進行度量、比較、區分和概括，以及在此基礎上進行的邏輯推演。如前所述，這樣的思維本身就意味著限定，只能用來把握有限者。如果把它運用到無限者身上，就會使無限成為有限。我們知道，托馬斯正是通過有限領域的因果推理來證明上帝存在的。庫薩在自己的著作中雖然沒有正面批判托馬斯，但他對托馬斯的批判態度是顯而易見的。庫薩主張，把握不可理解者只能用非理解的方式。「不可能有比絕對的極大更大的事物存在。由於絕對的極大是無限的真理，它比我們所理解的還要大，因此，我們只能以非理解的方式才能達到絕對的極大」。❹但他並不同意像鄧斯・司各特和威廉・奧卡姆那樣把上帝留給信仰，也不同意像艾克哈特那樣借助一種神祕的直觀來把握上帝。他所說的非理解的方式，實際上指的就是從有限事物出發，以有限事物為符號(symbolum)，並超越它們的有限性，從而達到無限。這也就是說，庫薩的「非理解的方式」是以「理解的方式」為基礎的，是通過「理解的方式」實現的，是以理解可理解的有限為符號來把握不可理解的無限。有學問的無知之所以是有學問的，其根源就在於此。

借助有限事物為符號來把握無限之所以可能，乃是因為那個無

---

❸　E. Cassirer：《文藝復興哲學中的個人和宇宙》，頁20～21。

❹　同❷，卷1，頁5。

限者，即絕對的極大，作為一包容了一切事物，存在於一切事物之中，因而一切事物也就是極大自身。一切事物都處在普遍的聯繫之中，因而由它們出發也就有可能構成一個統一的整體。庫薩指出：「我們所有最智慧和最神聖的導師們都一致認為，可見事物事實上是不可見事物的摹本 (imagines)，造物主也就以這種方式像在鏡中和謎中一樣為被造物所認識觀看。自身超出我們所能及範圍的屬靈事物可以借助符號來研究，其根據如上所述，就在於萬物之間都處在某種對我們來說隱祕的和不可理解的比例中，以致從萬物中可以產生一個整體，萬物在這一極大中都是一自身」。❺ 這也就是說，認識有限本身就是認識無限，認識無限也只有從認識有限出發。由於這種認識是借助類比和超越實現的，因而缺乏精確性，就像是「在鏡中和謎中一樣」。但這並不能成為我們放棄認識的理由，因為這種認識方式是我們把握無限的唯一途徑，更何況以這種方式獲得的認識也並不是完全的一無所知。在這種認識中，我們畢竟是在無限地接近無限者。我們只能設法逐漸地改善我們的認識和認識方式。正是在這種意義上，庫薩把注意力轉向了數學符號。

二、數學符號是把握真理的最理想符號

庫薩認為，由於我們只有通過預先確定的已知者來把握未知者，因此，如果我們的研究必須從摹本開始，那麼，我們對此摹本就不應該有絲毫的懷疑。然而，作為摹本的有限事物是千差萬別的，究竟用哪一種來作為把握無限者的符號呢？

在庫薩看來，一切可感事物都是由質料和形式結合構成的，因

---

❺ 同❷，卷1，頁13。

而是不穩定的，具有變化的可能性。這樣的事物是不適合作為把握無限者的符號的。因此，庫薩和西方歷史上的許多哲學家一樣，把目光轉向了數學符號。「我們把比較抽象的對象，……例如數學的對象，看作是最穩定的，對我們來說最可靠的」。❻這並不是說，數學對象可以完全擺脫質料的附屬品，從而完全擺脫變化的可能性。因為只有上帝才是純粹的形式，才是完全的現實性。離開了質料的附屬品，我們就不能想像數學對象。但是，在一切有限事物中，數學對象是最為抽象的，最少受質料的可變性影響，因而也就最接近上帝。尤為重要的是，數學符號是我們自己精神的創造物。在數學中，我們研究的對象是自己的知性，是自身力量的展開，因此，我們能夠精確地認識它們。此外，數學也體現了世界的普遍聯繫。前文已經談到，在庫薩看來，世界萬物都處在一種比例關係之中，認識就在於確定事物之間的比例關係，而這種比例關係又是通過數體現出來的。「離開了數，就不能理解比例。所以，數包含了可以被納入比例關係的一切事物。數構成了比例，它不僅存在於量上，而且存在於一切能夠以某種方式在實體方面或者在偶性方面彼此一致或者彼此不同的事物中」。❼因此，數構成了我們認識的前提條件和基礎。「數是我們精神的概念原型，離開了數，精神什麼也不能做；離開了數，就既沒有臨摹，也沒有概念認識，既沒有區分，也沒有度量；離開了數，就不能把事物理解成各種各樣的、千差萬別的」。❽基於數學符號的這些特性，庫薩認為，只有數學符號才是我們把握上帝最理想的符號。

---

❻　同❷，卷1，頁13。

❼　同❷，卷1，頁2。

❽　N. Cusanus：〈論精神〉，《尼古拉・庫薩著作集》，卷1，頁251。

自從畢達戈拉斯學派宣稱「一切可以認識的事物都包含著數，沒有數任何事物都不可能被思維或被認識」❾ 以來，歷代哲學家都給予數學以極大的重視。柏拉圖把數學知識看作是研究哲學的基礎，柏拉圖學園入口處的碑銘就是「不懂幾何學者莫入」。古希臘哲學中這種崇尚數學的精神對後來的基督教哲學有著深刻的影響。在奧古斯丁看來，萬事萬物都以數來計算，又都以數為根據。所以數是永恆不變的定律，數同真理一樣在於上帝。波愛修(Boethius)也認為，一個人如果沒有數學知識，就不可能獲得關於神聖事物的知識。在不同的著作中，庫薩不厭其煩地多次引證了這些哲學先驅者對數學的高度重視，並給予了極高的評價。庫薩的最終結論是:「沿著這些前輩的道路，我們與他們一致地認為，由於只有借助於符號接近神聖的對象才是我們的道路，因此，根據數學符號不變的可靠性，我們使用數學符號將是非常合適的」。❿

顯然，在強調數學知識對於哲學研究的重要意義這個問題上，庫薩是一個承先啟後的人物。他的重要地位在於，他明確地提出了人只能精確地認識自己的創造物的原則，從而把數學看作是唯一具有精確性的科學。庫薩的這種思想無疑為近代哲學偏愛數學的風氣開了先河。在17至18世紀，無論是經驗論還是唯理論的代表人物，幾乎無一不把數學看作是科學知識的楷模。笛卡爾(R. Descartes)和斯賓諾莎(B. Spinoza)甚至主張用數學、特別是幾何學的方法來建立起關於整個世界的形而上學體系。即使是像休謨 (D. Hume) 這樣的懷疑論者，也承認數學知識具有普遍必然性。此外，維科(G. Vico)

---

❾　苗力田主編:《古希臘哲學》，北京，中國人民大學出版社，1989，頁73。

❿　同❷，卷1，頁14。

的「真實即創造」，康德關於人只能認識現象、不能認識自在之物的思想，都與庫薩有著某種內在的一致。

在緊張的教會事務和哲學研究之餘，庫薩還醉心於數學研究。他一生大約撰寫了十多篇數學論文。不過，庫薩對數學的關注不是數學家的關注，而是哲學家的關注。庫薩「絕對不是一個研究和解決數學問題本身的數學家。按照專家們的看法，他始終只是一個數學的業餘愛好者」。⓫他所研究的問題大多屬於圓周與直徑、圓的面積與圓的內接多邊形的面積、弧與弦之間的數量關係等等，它們都涉及到有限與無限之間的一種不可比性。由此可見，「庫薩對數學唯一感興趣的就是無限」⓬，是數學對象可以用來作為把握無限的符號的特性。

庫薩借助數學符號把握無限者的過程共分三個步驟：「絕對的極大根本不屬於我們能夠認知或者理解的對象。由於我們打算借助符號來研究絕對的極大，因而必須超越簡單的類比。由於一切數學對象都是有限的，否則就不能設想它們，因此，如果我們為了上升到絕對的極大而使用有限的事物作例子，那麼，我們必須首先考察有限的數學形體及其狀態和性能；其次，相應地把這些性能過渡到同類的無限形體上去；最後，第三步，把無限形體的這些性能以擺脫一切形體的方式再過渡到單純的無限者上去。只有這時，我們的無知才能以一種非理解的方式成為有學問的，才能在謎中致力於以更正確、更真實的方式思考最高者」。⓭

為了更清楚地說明庫薩在這裡所說的三個步驟，我們引用庫薩

⓫　K. Jaspers：《尼古拉・庫薩》，頁77。

⓬　同⓫，頁77。

⓭　同❷，卷1，頁14。

自己的一個實例。如下圖所示：

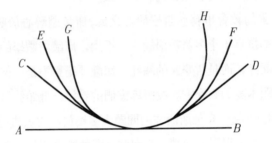

　　直線AB 在同一點上與圓弧CD、EF、GH相切。圓越大，其圓弧就越接近其切線。圓弧CD 的曲度要小於圓弧EF，圓弧EF 的曲度又小於圓弧 GH。不過，在有限的領域內，無論一個圓有多大，其圓弧都不可能與其切線契合。這就是庫薩的第一個步驟，即「考察有限的數學形體」。同樣，在其它實例中，庫薩也考察了三角形、圓、球體等有限數學形體的不同性能。

　　第二步是「把有限數學形體的性能過渡到同類的無限形體上去」。如果有一個無限大的圓，那麼，它的圓弧的曲度必然是無限小的，因而也就必然與其切線相契合。這樣，直線與曲線、極大的直與極小的曲就在這個無限的形體中契合為一了。在其他實例中，庫薩同樣證明了：「如果有一條無限的線，那麼，它同時就是直線、三角形、圓、球體。同樣，如果有一個無限的球體，它也同時就是圓、三角形和線。對於無限的三角形和無限的圓來說，情況亦復如是」。⓮這樣的無限數學形體無疑把一切有限的數學形體都包容在自身之內，或者換句話說，它本身就是一切數學形體。顯然，這樣的數學形體只有一個，只有它才是把握上帝的理想符號。這樣的數學

⓮　同❷，卷1，頁15。

形體在現實中是不存在的，是有限的知性所無法想像的，它只能通過理性超越有限領域才能夠得到。

　　第三步是「把無限形體的這些性能以擺脫一切形體的方式再過渡到單純的無限者上去」。就像無限的數學形體是一切數學形體，把一切數學形體包容於自身一樣，絕對的極大也就是一切事物，把一切事物包容於自身。「我們從無限的曲就是無限的直得出的思考，可以用過渡的方法運用於極大，運用於它的最單純、最無限的本質，在這種意義上，它是一切本質中的最單純的本質；事物的一切本質，無論是存在著的、存在過的還是將存在的，事實上都作為本質自身永恆地存在於它之中；一切本質之所以存在，就在於它是一切事物的本質；它作為一切事物的本質之所以是任一本質，就在於它同時是一切本質而不特別地是某一個本質；就像無限的線是一切線的最適當尺度一樣，最高的本質也同樣地是一切本質的最適當尺度」。❶❺

　　庫薩對上帝的這種把握不是借助知性的邏輯演繹，而是借助超越和類比實現的。就此來說，它是一種非理解的方式，在精確認識的意義上是一種無知；但是，它又是以人的知性認識為出發點，借助知性的創造物──數學符號，特別是借助對數學符號的精確認識實現的，在這種意義上又是一種近似性的知，是有學問的。「有學問的無知」這一概念正是在這雙重意義上使用的。

　　不過，有學問的無知還有第三層涵義，即認識到自己的無知，這本身就是一種知，就是有學問的。因為在庫薩看來，首先，上帝僅僅是無限，至於稱上帝為「絕對的極大」、「一」，說上帝在一切事物中，一切事物在上帝中，上帝是一切事物，都是從上帝是無限演繹出來的。因此，認識到上帝是無限的，是不能精確地認識的，這

❺　同❷，卷1，頁15。

本身就是對上帝的認識。「理性要求知識。但是，它所天賦的這種自然要求並不是為了認識上帝的本質，而是為了認識上帝是如此之大，以致他的大沒有任何界限，他比一切可認識、可知的東西都大。如果理性是一個渺小的和不完善的、還可以更大和更完善的造物主的摹本，它會對自己感到不滿意的」。⑯ 就像一個發現了無窮無盡的寶藏的人要比一個發現了有限的寶藏的人更加高興一樣，精神也在追求無限的上帝的過程中得到無限的歡愉。因此，「如果一個人認識到，盡管他在神聖的事物中收穫頗豐，但總還有某種東西需要繼續研究，那麼，就再也沒有人比他更接近對真理的認識了」。⑰ 我們只知道真理就其精確的面目來說是不可理解的。事物的本質也就是存在的真理，它就其純粹性來說是不可及的。所有的哲學家都探求過它，卻沒有一個人發現過它的本來面目。因此，「我們對這種無知學的越深刻，就越接近真理本身」。⑱ 無限的認識能力只有在無限的對象中，在把握這個無限的對象的無限過程中才能證實自身的無限性。其次，認識到我們的認識具有局限性，是一種實事求是的態度，是對我們自身認識能力的一種知。這和中國古代哲學家孔子所說的「知之為知之，不知為不知，是知也」（《論語・為政》）乃是同一個意思。上帝的無限性和我們認識的局限性為我們提出了改進和完善知識的要求。正是在這種意義上，庫薩指出：「由於我們追求知識的自然欲求不是毫無目標的，我們期望知道自己的無知。如果我們實現了這一目的，我們就達到了有學問的無知。……一個人越是知道自己的無知，他就越有學問」。⑲

---

⑯　N. Cusanus：《論智慧的追逐》，頁50。

⑰　同⑯，頁50。

⑱　同❷，卷1，頁5。

　　由此可見，庫薩的有學問的無知之所以是有學問的，乃是因為它是以實際知識為內容的無知，是以對認識能力的無限性的真知和對無限者的無限追求為內容的無知。對精確認識無限者的否定包含著對精確認識符號的肯定，對有限認識的否定包含著對無限認識能力和無限認識過程的肯定，這正是庫薩有學問的無知的精髓，也是它的價值所在。

三、有學問的無知的進一步展開

　　有學問的無知最初是用來規定對上帝的認識的。但在進一步的論述中，庫薩也把它用來規定對有限事物的認識。

　　所謂有限事物，庫薩指的是世界上的萬事萬物。在有限者的領域內，由於現實存在著或難或易的可比關係，我們似乎沒有必要靠非理解的超越來認識事物了。但即使如此，在庫薩看來，我們依然不能獲得精確的認識，對有限事物的認識依然是有學問的無知。

　　這是因為，首先，上帝是一切事物的根據和本質，因此，認識有限的事物本身也就是在認識上帝。「上帝是宇宙的原型，如果沒有認識上帝，也就不能認識宇宙；如果沒有認識宇宙，顯然也就不能認識它的各個部分。因此，對上帝和一切事物的認識先行於對任一事物的認識」。[20]然而，如上所述，我們無法獲得關於上帝的確切認識，因此也就必然無法確切地認識具體的事物。「由於神聖的本質是未被認識的，因此結論就是，事物的任何本質都是不能通過認識把握的」。[21]由此出發，庫薩認為，那些沒有認識上帝的本質就去致力

***

[19]　同[2]，卷1，頁3。

[20]　同[8]，卷1，頁263。

於認識事物的本質的哲學家，以及那些致力於把上帝的本質當做認識對象的哲學家，都是白費力氣，因為他們都還沒有涉足有學問的無知的領域。

其次，「理性不能認識任何不在它自身之內的東西」。[22]但是，我們的精神不是事物的起源，因而不能規定事物。許多人費盡心機去認識事物的本質，其實是白費力氣。事物的本質並不在理性之中，在理性之中的只是事物的概念，即對事物的臨摹。理性以概念的方式把一切事物包容於自身，理性的力量就在於能夠臨摹一切可以認識的東西，所以它所包含的就是事物的共相和摹本。就像視覺只能看到可見的東西，聽覺只能聽到可聽的東西一樣，理性也只能認識到形式和共相，而達不到事物的本質。「認識的力量只能涉及到事物的概念，並由此追逐事物的本質」。[23]

再次，我們的認識是通過把已知者與未知者加以比較而實現的。但是，世界上不存在任何兩個完全相等的事物。「除了上帝之外，一切事物都相互不同。因此，任何運動都不能相等於另一個運動，任何運動都不能成為另一個運動的度量者，因為度量者和被度量者必然相互不同」。[24]已知者和未知者之間的差異必然使我們的認識具有某種相對性。概言之，凡是在有差異存在的地方，我們都無法達到絕對精確的認識。

由於這些原因，庫薩同樣否定了精確地認識有限事物的本質的可能性。而有限事物的本質就是無限。因此，歸根結底，問題就在

---

[21] 同[16]，頁132。

[22] 同[16]，頁130。

[23] 同[16]，頁134。

[24] 同[2]，卷1，頁37。

於我們不能認識那個無限者，即絕對的真理。認識永遠是知與無知的辯證統一，即有學問的無知。

早在寫作《論有學問的無知》一書的過程中，庫薩就多次提到了寫作《論猜測》的計劃，並且把許多在《論有學問的無知》中不便展開的問題留待《論猜測》中解決。在《論猜測》中，庫薩又進一步把人的認識規定為「猜測」(coniectura)，從而把自己關於認識的真理性的思想進一步具體化。

coniectura一詞出自動詞conicere，原意為「扔在一起」，引申出來的意思有「猜測、推想、假設、解釋、預言」。古羅馬時代以圓夢、占卜為業的人就被稱作是coniector。單從詞義就可以看出，猜測既包含了猜想的成分，也包含了理性的推測的成分。在中文中，很難找到一個能精確地表達其涵義的詞。根據庫薩的論述，它在庫薩哲學中大致有以下幾層涵義：

1.人的猜測不能精確地把握真理。這是《論有學問的無知》的中心思想，也是《論猜測》的起點。在給西撒利尼的題獻詞中，庫薩寫道：「在《論有學問的無知》的前幾章中，你已經比我自己盡力闡述的更為深刻和更為清楚得多地看到，精確的真理是無法達到的。所以，結論就是：人關於真理的任何肯定性論斷都是猜測」。❷認識永遠不能達到與真理的絕對一致，它只是對事物的一種摹寫，這種摹寫只能在一定程度上接近真理。「由於精神借助這種摹寫只能達到對可感對象的認識，而在可感對象中，事物的形式不是真實的形式，而是被質料的可變性弄模糊了的形式，因此，一切這樣的認識與其說是真理，毋寧說是猜測。所以我認為，借助知性所達到的認識是不確定的，因為與其說它們是真理，毋寧說它們是形式的摹本」。❷

---

❷　N. Cusanus：〈論猜測〉，《尼古拉・庫薩著作集》，卷1，頁121。

真理超出了我們的一切能力,「軟弱的理解力從純潔的真理的令人無法信賴的墮落,使我們關於真理的論斷成為猜測」。㉗因此,絕對地或者精確地把握真理只是一個永遠被追求著的美好理想。

2.猜測是主動的創造,是我們精神的創造物。「猜測必然產生自我們的精神,就像現實世界必然產生自神聖的無限根據一樣。既然人的精神作為上帝最高的相似物,盡其所能分有了創造性本質的豐富性,它也就作為全能形式的摹本,從自身出發,在與現實存在的相似性中創造出精神性的東西。人的精神是猜測世界的形式,就像神的精神是現實世界的形式一樣。一如那種神的絕對存在是一切在任一事物中構成存在的東西,人的精神的一也是事物的猜測的存在」。㉘人的認識不是被動地反映事物,而是主動地構成概念。上帝的認識就是創造,人的認識則是摹寫。人是通過構造概念、建立一個猜測性的精神世界來摹寫真理的。因此,人的思維對象是自身力量的展開,整個主觀世界是人主動創造的結果。

3.猜測雖然不能精確地認識真理,但也不是毫無根據的臆猜或者武斷,而是一種現實的認識,是對認識對象的一種肯定性論斷,是「借助猜測性的異來認識真理不可及的一」。㉙也就是說,認識是以真理自身為內容的,它包含有真理的成分。「我們的認識的現實性就在於它分有了神的理智」。㉚分有使真理的一以異的方式體現在人的認識中,使認識與真理之間有一種內在的和諧。「猜測是一種肯定

㉖　同❽,卷1,頁254。

㉗　同㉕,卷1,頁121。

㉘　同㉕,卷1,頁121～122。

㉙　同㉕,卷1,頁140。

㉚　同㉕,卷1,頁139。

的論斷，它在異中按照真理的本來面目分有了真理」。 **❸** 這就意味
著，人是具有認識真理的能力的。當然，這種能力僅僅是一種可能
性，「我們並不知道人所能知道的一切」。 **❸** 但是，一切認識又都是
在一定程度上實現了這種可能性。這種實現的程度因個人、時代等
具體條件而不同，但無疑都是對真理的分有。

4.猜測不能達到精確的真理即絕對真理，但這並不意味著我們
應該放棄認識。求知乃是人的天性。「盡管我們的知識事實上與人無
法達到的最高知識本身絲毫不成比例，但它仍然凝視著這種最高知
識」， **❸** 把它作為不懈追求的目標。庫薩指出：《論猜測》一書的寫
作目的就在於「吸引那些缺乏經驗光照的年輕人去揭示隱蔽的事物，
以便鼓勵他們走向更不為人知的對象」。 **❸** 當然，即使如此，我們的
認識也永遠不能精確地把握真理。「我們不可能如此接近那個高不可
攀的頂峰，以致我們似乎不能更接近它了。我們也不能相信已經達
到了它並且事實上把握了它。毋寧說，盡管我們離它越來越近，但
它本身卻永遠保持為不可及的」。 **❸** 正因為如此，「在把握真理方面
的增長是無止境的」。 **❸**

庫薩在這裡停下了。他沒有從他傑出的辯證思想中得出應有的
結論。但我們完全可以而且應該按照庫薩的思路和邏輯繼續走下去。
在庫薩這裡，認識構成了一個「永無止境」的無限過程。絕對的真

---

❸ 同**㉕**，卷1，頁140。

❸ 同**㉕**，頁134。

❸ 同**㉕**，卷1，頁121。

❸ 同**㉕**，卷1，頁121。

❸ 同**㉕**，卷1，頁139～140。

❸ 同**㉕**，卷1，頁121。

理雖然是「永不可及的」，但認識一方面是對真理的分有，另一方面又是對真理的無限接近。認識的真諦就在於這種「永不可及」和「越來越近」的辯證統一。這也就意味著，人是可以在無限的過程中認識真理的。庫薩哲學的起點是絕對真理（上帝、絕對的極大）不可知，但卻蘊含著絕對真理在無限中可知的結論。換句話說，庫薩的無限者不可知論的真實涵義，也就是無限者在人的理性的無限追求中可知。人的理性只有在一個無限的對象中、在一個逼近這個對象的無限過程中才能實現自身，這正是對人的理性的無限性、對人的精神認識真理的無限能力的高度肯定。後面我將進一步指出，在庫薩看來，耶穌作為無限的、極大的人與上帝是絕對同一的，這恰恰就是人類在無限中認識絕對真理的神學表述。而這樣一來，作為最高智慧、絕對真理的上帝也就表現為自己認識自己的思想，絕對真理以及對絕對真理的認識最終表現為一個在無限的發展中返回自身的過程。上帝的認識也就是上帝創造世界，人對上帝、對世界的認識也就是人及萬物復歸上帝。「我們的每一種認識都處在他的光照之下，以致不像是我們自己在認識，而毋寧說是上帝在我們裡面認識」。❸ 上帝作為絕對真理既是認識的主體，又是認識的客體；既是認識的過程，又是認識的結果；既是認識的行動，又是認識的目標。最後的結論只能是上帝認識上帝。「只有上帝認識他自己」。❸ 這句話鮮明地表現出庫薩的有學問的無知與傳統的上帝不可知論❸ 的區別，表現出對在無限中認識無限的樂觀態度。庫薩所理解的上帝與

---

❸ 尼古拉 · 庫薩：〈論尋覓上帝〉，《論隱祕的上帝》，頁35。

❸ 同❷，卷1，頁38。

❸ 愛留根納認為：「上帝自己也不知道他是什麼」（轉引自羅素：《西方哲學史》，上卷，北京，商務印書館，1982，頁495）。

他的德國同胞艾克哈特的上帝和黑格爾的絕對精神有著驚人的類似，他的思想無疑構成了西方哲學思想發展，尤其是德國哲學思想發展不可缺少的一環。更為重要的是，在這一思想中還蘊含著把發展引入上帝的傾向。上帝是借助人的思想來認識自己的，因此，人在任何一個階段上的認識水平也就決定著上帝在該階段上的形象，上帝取決於認識，認識上帝必須認識認識和認識能力，這正是近代哲學重視認識論研究，尤其是康德要求在認識之前首先批判認識能力的原因所在。

四、有學問的無知的啟迪

在西方哲學史上，對認識自身的認識是隨著哲學的誕生而產生的。赫拉克利特(Heraklit)第一個區分了感性認識和理性認識，並指出了感性認識在認識真理方面的局限性，認為只有理性認識才能把握真理。巴門尼德 (Parmenides) 則區分了真理之路和意見之路，乾脆否定了意見（感性經驗知識和與此不分的思想）把握真理的可能性。這種觀點後來又為柏拉圖所繼承，但在理性認識最終能把握真理這一點上，他們是堅信不疑的。在他們的心目中，真理就是主觀認識與客觀對象的契合。即使是像懷疑論者這樣的哲學家，雖然他們在種種論證的基礎上，宣布人的理性根本不能以任何方式認識事物，因而人不能做出任何肯定的判斷，但這恰恰說明了他們心目中的真理也就是認識與對象的契合。後來的基督教哲學宣稱上帝是不可認識的，也是在這種意義上對認識做出評判的。在古代哲學中，唯有蘇格拉底(Sokrates)的千古絕唱「我知道自己一無所知」最接近庫薩的思想。蘇格拉底的一位朋友從德爾斐神廟得到的神諭說蘇格

拉底最有智慧，而蘇格拉底卻認為自己沒有智慧。為了檢驗神諭，蘇格拉底找了許多以智慧著稱的人談話，結果發現這些人同樣沒有智慧，即不知道什麼是真的善和美。但這些人無知卻自以為有知，蘇格拉底卻無知而知道自己無知。蘇格拉底認為就在這一點上他比其他人強一些。顯然，蘇格拉底的這一思想對庫薩的「有學問的無知」有很大的影響。不過，蘇格拉底的這一思想可能主要是針對智者學派心甘情願地囿於意見的態度而發的。在蘇格拉底看來，要認識一個事物，必須拋開現象而去尋求它的理念。蘇格拉底僅承認意見不是知，他依然要求用理性把握最高的至善。真理在他看來依然是認識與理念（對象）的契合。

所有這些觀點都把真理看作是認識與對象的靜態的契合。而在庫薩看來，這樣的契合是不可能的。一切認識在一個既定的階段上都只能是有學問的無知，它不可能與對象契合，而只能摹寫對象，只能非精確地把握對象的真理，並無限地接近真理。庫薩的突出功績在於他把非精確性和發展引入真理觀，使靜態的契合轉化為動態的契合、在無限的發展過程中的契合。真理不是哲學擁有的財產，而是它不懈追求的目標，這正是畢達戈拉斯使用「哲學」(Philosophia——愛智慧)這個詞並稱自己是「哲學家」（Philosopher——愛智者）的本意。

在中世紀經院哲學熱衷於宣布自己已窮盡了一切真理、競相建立各種「大全」體系的當時，庫薩的思想無疑是離經叛道的。一位拘謹的經院學者、海德堡大學教授約翰·文克(Johann Wenck)就是庫薩最尖銳的對手。文克的文章〈論無知的學問〉，單是標題就表明了它的論戰性質。在這篇文章中，文克指責庫薩關於一切有限知識在本質上都是非精確的以及向真理的接近不可完成的學說，完全取

消了認識的可能性。文克認為，如果精神運動沒有一個它可以在真
理中完成自身並藉此判斷自己的進步的點，那麼，它就不再是運動
了，就表現為白費力氣、毫無意義。顯然，文克的指責在今天看來
是蒼白無力的，只能給哲學史留下一則笑料，但他無疑是代表了經
院哲學對庫薩所造成的衝擊波的一種反應。庫薩的「有學問的無知」
雖然不為他的時代所理解，但他在20世紀的哲學界卻找到了越來越
多的知音。針對文克的指責，布盧門貝格尖銳地指出：「在低能的對
手的反映中，比在庫薩自己的說法中更清楚地表現出來他的歷史地
位。這一論戰是針對認識道路無限性的結論的，是針對人的一切思
想成就的接近值不可誇大的說法的。它令人驚異地說明，從對絕對
者、神聖者、真理的超驗性的完全中世紀式的研究中，如何毫不費
力地得出了一個新的結論。對於已經知道發生了什麼的人來說，它
表現為近代基本觀念之一的一次大膽預言。……對終極性、精確性
的要求被非精確性、認識無限進步的觀點連根拔除了」。❹布盧門貝
格高度評價了庫薩關於認識具有非精確性的思想：「這一切不僅導致
經院學者著名的上帝證明失去其基礎，而且還首先帶來了一切認識
『形式』的改變。認識對象的大全在原則上再也不是可完成的，可
認識者的『儲備』是不可窮盡的。庫薩的基本概念『非精確性』和
『無限性』在這裡匯合了：非精確性向人類精神指出了經驗的必要
性，無限性則給予經驗認識的整體以無限進步的『形式』。認識的這
種不可完成性不僅是廣度上的，而且也是深度上的」。❹另一位德國
學者梅費爾特(E. Meffert)在談到庫薩的猜測學說時指出：「庫薩用
被譯為猜測的coniectura這個詞所指的，與這個詞現今的涵義幾乎毫

---

❹　N. Cusanus：《猜測的藝術》，編譯者導言，頁12～13。

❹　同❹，頁32。

不相干。在庫薩那裡，coniectura並不意味著一種猜測的隨意性，並不意味著一種含糊不清的認為或者信以為真，絕不意味著在一種可以被證實或者反駁的意義上的一種假說性的斷言，更談不上認識是coniectura的思想中包含著對所有真理的懷疑了。它並不包含一種原則上的懷疑，不包含作為一種毫無聯繫的彼此並列的純粹相對主義，甚至根本不包含不可知主義。毋寧說，庫薩從對人的認識是向無限真理的不斷向前的逼近這種猜測本性的洞見出發，建立了認識的動力學。正是因為認識是逼近，它才能夠不斷地增長。只有人的精神才具有這種獨特的、無與倫比的特徵。它永不滿足，它不斷地繼續追求，永遠處在運動中，從一個猜測進步到下一個更精確的猜測。因此，對於庫薩來說，認識絕不是靜態的、獨斷的，而是始終進步的、動態的，也就是說，是一種始終上升的、不承認任何認識界限的猜測藝術。精神的認識，即不斷上升的猜測的過程，作為對真理的越來越多的符合，對庫薩來說絕不是沒有方向的。在庫薩看來，在猜測中還存在著精神的確定性，雖然不是終極的、靜態的確定性，而是一種進步的、動態的確定性。因為在我們所有的猜測中，在每一階段上都有某種精神的東西、無限的東西、真理自身的東西。無限的真理雖然作為無限的真理是不能認識的，但它卻引導著人的有限的認識，間接地體現在這種認識中」。❷庫薩倘若能聽到這些對他的思想的深刻理解和公允評價，當含笑於九泉。

庫薩關於有學問的無知的思想，無疑極大地刺激了近代對認識論研究的濃厚興趣。不過，真正繼承和發展了庫薩這一思想的，應該是德國古典哲學。當然，我們沒有任何資料能夠證明康德、黑格

❷ E. Meffert：《尼古拉・庫薩：他的生平和精神學說》，Stuttgart 1982，頁150～151。

爾這些大師們了解庫薩的哲學思想，並受到了他的影響。但是，庫薩哲學和德國古典哲學在精神實質上的一致卻是一個公認的事實。康德認為我們不能認識自在之物，而只能認識自在之物作用於我們的感官所產生的現象；認為上帝等理念作為自在之物雖然不可認識，但可以範導我們的知識走向更大的統一；認為科學的發展只有限度而無界限的思想，都能使我們回想起庫薩的有學問的無知。不過，康德認為知識是純主觀的，絲毫不反映作為客體的自在之物，而庫薩則認為知識分有了真理，是向真理的不斷逼近，這構成了兩位哲學家在這一問題上的根本區別。比較起來，倒是全面恢復了真理的可知性的黑格爾在真理觀上更接近庫薩。黑格爾宣布真理是全體，是無限，認為「真理在本質上乃是全體；作為主體，真理只不過是辯證運動，只不過是這個產生其自身的、發展自身並返回於其自身的進程」，❹把真理看作一個無限的過程，這一觀點完全可以看作是庫薩的有學問的無知這一思想的黑格爾版本。

　　同樣在德國的土壤上生成的、即使有「在哲學領域裡實現了根本變革」之譽的馬克思主義，也與庫薩的思想在本質上有著驚人的一致。恩格斯在評價黑格爾的真理觀時指出：「黑格爾哲學……的真實意義和革命性質，正是在於它永遠結束了以為人的思維和行動的一切結果具有最終性質的看法。哲學所應當認識的真理，在黑格爾看來，不再是一堆現成的、一經發現就只要熟讀死記的教條了；現在，真理是包含在認識過程本身中，包含在科學的長期的歷史發展中，而科學從認識的較低階段上升到較高階段，愈升愈高，但是永遠不能通過所謂絕對真理的發現而達到這樣一點，在這一點上它再也不能前進一步，除了袖手旁觀驚愕地望著這個已經獲得的絕對真

---

❹　黑格爾：《精神現象學》，上卷，北京，商務印書館，1979，頁44。

理出神，就再也無事可做了」。❹在與杜林(E. Dühring)的爭論中，恩格斯表述了自己的真理觀:「思維的至上性是在一系列非常不至上地思維著的人們中實現的；擁有無條件真理權的那種認識是在一系列相對的謬誤中實現的；二者都只有通過人類的無限延續才能完全實現。……一方面，人的思維的性質必然被看作絕對的，另一方面，人的思維又是在完全有限地思維著的個人中實現的。這個矛盾只有在無限的前進過程中，在至少對我們來說實際上是無止境的人類世代更迭中才能得到解決。從這個意義上來說，人的思維是至上的，同樣又是不至上的，它的認識能力是無限的，同樣又是有限的。按它的本性、使命、可能和歷史的終極目的來說，是至上的和無限的，按它的個別實現和每次的現實來說，又是不至上的和有限的」。❺顯然，在恩格斯看來，只有在「無止境的人類世代更迭」的意義上才能談論絕對真理和人的認識能力的無限性。而在任何一個具體的歷史階段或具體的個人那裡，真理永遠是絕對和相對、無限和有限的辯證統一。以上這些比較表明，庫薩的思想已經融化在德國的哲學傳統之中，成為德國哲學精神的一個不可分割的有機組成部分。對於庫薩這樣一位400多年前的哲學家，這樣一位羅馬天主教會的高級神職人員來說，這是非常難能可貴的。

---

❹　《馬克思恩格斯選集》，卷4，頁212。

❺　同❹，卷3，頁125～126。

第五章　上帝與萬物的關係

　　在第三章中，我們已經談到過，庫薩用三句話概括了上帝與萬物的關係，即一切事物在上帝之中；上帝在一切事物之中；上帝就是一切事物。事實上，這是三個相互聯繫、相互滲透、不可分割的層次。每一個層次都同時是其他兩個層次的前提和結論。同時，這三個層次又大致上和庫薩的三個著名學說彼此對應，這就是「對立面的一致」、「分有」、「包容和展開」。

一、對立面的一致

　　德國的一位學者在談到庫薩的對立面的一致時寫道：「近來，尼古拉・庫薩的哲學更加引起人們的注意，這特別與哲學中轉向辯證法的原則的特殊興趣相聯繫，這個原則就是：不能排斥矛盾，而是必須容忍矛盾，甚至為了向更高的真理進步而必須要求矛盾。『認為庫薩代表了辯證法的問題史的一個決定性時代，這是完全有根據的』（弗拉施語）。無論如何，在以尼古拉・庫薩的作品為出發點的重大啟發中，沒有一個像「對立面的一致」(coincidentia oppositorum)——或者明確地說，就是「矛盾的對立面」(contradictoriorum)的一致——的學說那樣引起如此高度的重視，同時又在詞句上造成啟發」。❶可見，

在人們的心目中，對立面的一致是庫薩哲學的一個代表性學說。這一點從庫薩自己的說法中也可以看出。在《論有學問的無知》一書的結尾，庫薩在寫給西撒利尼的那段話中談到了該書的寫作綱要，其中在談到第一卷的時候寫道:「在所有這些深奧的問題中，我們人類的理智都必須集中於那個各種對立面都在其中達到一致的單純性，這就是第一卷的構思所追求的目標」。❷我們知道，《論有學問的無知》第一卷是專門討論上帝即絕對的極大的，用對立面的一致來概括第一卷的內容，這恰恰說明庫薩把對立面的一致看作是自己的上帝觀的核心。實際上，也只有聯繫到對立面的一致，才能更好地理解上帝是無限的一，對上帝的認識是有學問的無知。

庫薩提出對立面的一致，其主要目的在於解決一與多、無限與有限的關係問題。所謂對立面的一致，其實質內容在於:上帝作為無限的一，把一切有限者都包容在自身之內。這種包容不是整體對部分的包容，不是用多來構成一，而是多融化在一中，在一中一切都毫無差別地是一。這種無差別的一致是萬物的最初本原和本質。「那個神聖的一先於一切、包容一切，而且由於它先於一切多，它也就先於一切區別、差異、對立、不相等和分化」。❸同時，它又是萬物的歸宿。一切對立和差異在無限的一中得以消失，一切潛在在無限的一中成為現實，萬物在無限的一中取得最完美的存在方式。「上帝是宇宙和個別事物的本原、中心和歸宿，這樣，萬物無論是上升還是下降還是趨向中心，都是接近上帝」。❹

---

❶ J. Stallmach:〈對立面的一致與無限的上帝〉，K. Jacobi編:《尼古拉・庫薩哲學思想導論》，Freiburg 1979，頁56。

❷ N. Cusanus:〈論有學問的無知〉，《尼古拉・庫薩著作集》，卷1，頁100。

❸ N. Cusanus:〈論猜測〉，《尼古拉・庫薩著作集》，卷1，頁125～126。

　　實際上，我們在前面已經多次涉及到庫薩的對立面的一致這一思想。絕對的極大是一，是極大和極小的一致，就是對立面的一致的一個核心內容。不過，由於上帝作為絕對的極大是不可理解的，因此，庫薩關於對立面的一致的許多思想是借助於數學符號表述出來的：

　　圓的內接多邊形的邊越多，就越接近圓，如果該多邊形有無限多條邊，它就與圓相等。

　　一個圓越大，它的弧就越接近它的切線，如果有一個無限大的圓，它的弧就等於它的切線。

　　三角形的定理之一就是「兩邊之和必大於第三邊」。因此，它的某一條邊越長，該邊所對的角就越大，另兩條邊也必然相應地加長。如果該邊是無限的，它所對的角就成為180°，另兩條邊也必然相應地成為無限，三條邊也就疊合為一條直線，無限的三角形也就成為一條無限的直線。

　　庫薩所舉的數學例子遠遠不止這幾個，他的證明結果是：在無限的數學形體中，方與圓、直與曲、大與小，都毫無區別地是同一個東西。如果有一條無限的線，它同時就是直線、三角形（或任何其他多邊形）、圓和球體。這個道理也同樣適用於無限的多邊形、無限的圓、無限的球體。在無限中，所有的數學形體都毫無區別地是同一個東西。

　　庫薩還曾用一個物理學例子來說明運動和靜止在無限中的一致。如圖所示：

---

❹　同❷，卷1，頁71。

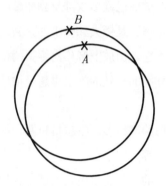

　　有兩個直徑相同的圓盤重疊在一起，其中一個繞軸旋轉，另一個則靜止不動。這樣，動盤邊緣上的點A和靜盤邊緣上的點B每隔一定的時間就會重疊一次。動盤運動得越快，這個時間間隔就越短。如果動盤運動得無限快，這個時間間隔就會等於零，點A和點B就會在任一時間點上都是重疊的，動與靜也就沒有任何區別了。

　　通過把這些事例所顯示的性能過渡到絕對的極大，庫薩提出了一切對立面在無限中一致的思想。在無限中，不存在任何差別、矛盾，人與獅子沒有區別，天與地沒有區別，運動和靜止沒有區別，甚至人與神也沒有區別。一切都是一切，一切都是一。對立面產生自一，同時又復歸於一。在有限事物中潛在的東西，例如直線潛在地是三角形，多邊形潛在地是圓，在無限中都是絕對的現實。正是在這樣的意義上，庫薩在晚年的著作中又把上帝稱作「能──是」(possest)。這個概念由拉丁語的「可能」(posse)與「是」(esse)拼成，用來表示上帝的潛能與現實的絕對一致。「只有上帝是能──是，因為他現實地是其所能是」。❺

　　庫薩還借用上帝的旨意 (providentia) 解釋了各種對立面是如何

────────────

❺　N. Cusanus：《論智慧的追逐》，頁53。

在無限中一致的。這個詞的原意是先見、預見，後來被基督教用來形容上帝的全知全能，故又譯為「上帝的旨意」或簡稱「天意」。庫薩認為：「上帝包容了一切，甚至連對立的東西也包括在內。因此，沒有任何東西可以逃避上帝的旨意」。❻世上所發生的一切事物，即使是彼此矛盾的，也都包含在上帝的旨意之中。即使上帝能夠預見到許多他並未預見到和不準備預見的事物，即使他預見到許多他不能預見的事物，也不能對上帝的旨意有所增減，因為這一切就包含在上帝的旨意之內。「即使發生了永不會發生的事情，也不會對上帝的旨意有所增加，因為它同樣包容了發生了的事情和沒有發生但可能發生的事情」。❼這樣，無論我明天是否讀書，無論我明天做什麼，都不能逃避上帝的旨意，因為它包容了一切對立面，無論我做什麼，都必然符合上帝的旨意。

對立面的一致不僅僅具有本體論的意義，而且同時還扮演著認識的最後界限的角色。在庫薩看來，對立面的一致是我們的知性思維所無法理解的。「想像力不能超越可感事物的領域。因此，它不能理解線是三角形，因為線和三角形不成比例，二者之間有著巨大的差異」。❽知性思維的特徵在於區分、分析、比較，它只能局限在有差異存在的有限領域。對立面的一致作為無限「超出了我們的一切理智，它不能通過知性的途徑把矛盾的對立面在它們的本原中結合起來，因為我們是借助自然顯示給我們的事物向前推進的。由於知性遠遠夠不上無限的力量，它不能同時把無限遠離的矛盾對立面結合起來。因此，我們超出知性的推論能力，以非理解的方式看到絕

---

❻　同❷，卷1，頁28。

❼　同❷，卷1，頁28。

❽　同❷，卷1，頁16。

對的大是無限的，因為沒有任何東西能與它對立，它與極小是一致」。❾知性思維失敗的地方，正是理性思維即有學問的無知生效的地方。借助於有學問的無知，我們以非理解的方式認識到一切對立面在無限中的一致，認識到對立面的一致超越了我們的知性思維，認識到上帝是不可理解的。「我的上帝，我感謝你，因為你使我看到，只有唯一的道路可以接近你，在所有的人看來，甚至在最博學的哲學家們看來，這條路都是不可行走和不可能的；你向我指出，除了在不可能性攔住去路迎面而立的地方，在任何地方都不能夠觀看你。主啊，你這強者的營養，你給我勇氣，使我極力把不可能性與必然性一致起來，我發現了可以明白無誤地找到你的地方。它為對立面的一致所環繞，這就是你所居住的天堂的圍牆，最深刻的知性精神把守著它的大門。如果不戰勝它，入口就不會啟開。在對立面的一致這堵圍牆的彼岸，我們可以觀看你，在它的此岸卻無論如何也不行」。❿對立面在上帝中達到一致，但上帝並不就是對立面的一致。對立面的一致僅僅是人們認識上帝的最高境界。

和對立面在無限中完全一致恰恰相反，有限世界卻完全是由對立面構成的。早在萊布尼茨(G. W. Leibniz)提出普遍的差異律之前200多年，庫薩就已經明確地指出：「除了上帝之外，一切事物都相互不同」。⓫「在宇宙中，沒有一樣事物不享有在其他任何事物中都找不到的某種特性，沒有任何事物能壓倒萬物中的一切，或者均等地壓倒各種不同的東西，因為它無論何時何地都不會與任一其他事物等同。即使它在一個時候比另一事物小，在另一時候又比它大，

---

❾ 同❷，卷1，頁5。

❿ 尼古拉・庫薩：〈論上帝的觀看〉，《論隱祕的上帝》，頁93。

⓫ 同❷，卷1，頁37。

它完成這個過程，也始終保持某種特性，在任何時候都不會達到精確的等同」。❷有差異，就有對立，因此，對立在宇宙間是普遍存在的。甚至在同一事物內部，也同樣存在著對立。「由於我們在對立面中，例如在單純和複合、抽象和具體、形式和質料、能朽和不朽等等其他方面中，發現了可超過者和可被超過者，因而不能達到對立面的純粹一端，或者達到這樣一點，在那裡對立面精確均等地彼此吻合。因此，一切事物都是由程度不同的對立面構成的。在它們之中，這一方面多些，另一方面少些。通過一方壓倒另一方，事物獲得了對立面某一方的性質」。❸在有限事物中，不可能達到對立面的完全一致，但有限事物是對立面的統一。顯然，庫薩在這裡繼續貫徹了他的無限和有限之間不可逾越的思想。

庫薩的對立面的一致的學說同樣招致了經院學者們的反對。文克指責庫薩的這一學說「把一切科學都連根拔掉」，認為庫薩根本沒有研究過亞里士多德的話。這裡指的是亞里士多德的矛盾律，即「同樣屬性在同一情況下不能同時屬於又不屬於同一主體」，亞里士多德把它稱作是「一切原理中最確實的原理」。❹庫薩在《為有學問的無知作辯》中對這種指責做出了回答。他指出：「現在，占優勢的亞里士多德學派把對立面的一致看作是異端，然而，承認對立面的一致恰恰是上升到神祕神學的開端」。❺在庫薩的用語中，所謂「神祕神學」，也就是建立在「有學問的無知」基礎之上的神學或哲學。因此，

---

❷　同❷，卷1，頁72。

❸　同❷，卷1，頁38。

❹　亞里士多德：《形而上學》，北京，商務印書館，1987，頁62。

❺　N. Cusanus：〈為有學問的無知作辯〉，《尼古拉・庫薩著作集》，卷1，頁103～104。

只有承認對立面的一致，才能達到認識的新高度。庫薩進一步指出，對立面在極大中的一致不會像他的對手指責的那樣摧毀科學的根基，即摧毀那個第一原理。因為這個原理是知性的原理，而對立面的一致屬於一個更高的領域，即理性的領域，有學問的無知的領域。

庫薩的對立面的一致的學說極大地影響了意大利哲學家布魯諾思想的形成。布魯諾直接繼承了庫薩的對立面一致的思想。這位意大利哲學家和庫薩一樣，認為在極大和極小中對立面歸於一，歸於無區別的東西，極大與極小是同一個東西，世界上的萬事萬物則是由對立面構成的。布魯諾幾乎原封不動地利用了庫薩的術語和例證，甚至在論述和行文風格上也與庫薩有著某種內在的一致。[16]

不過，在這方面最易引起我們聯想的是德國古典哲學家謝林的「同一哲學」。謝林認為：「整個哲學都是發端於，並且必須發端於一個作為絕對本原同時也是絕對同一體的本原」。[17]「這種更高的東西本身就既不能是主體，也不能是客體，更不能同時是這兩者，而只能是絕對的同一性，這種同一性決不包含任何二重性，所以它絕對不能達到意識」。[18]因此，在這個原始的絕對同一中沒有任何差別。只是由於絕對同一的不自覺的盲目活動，它才把自己同自己區別開來，從而產生出存在與思維、物質與精神、客體與主體的差異和矛盾，產生出世界的萬事萬物。對立和矛盾普遍地存在於事物之中，並且是事物運動發展的源泉，而發展的最後歸宿依然是無差異的絕對同一。由此可以看出，謝林和庫薩在這個問題上是基本一致的。黑格爾曾經譏諷地把謝林所主張的這種絕對同一稱之為「一切牛在

---

[16]　參見G. Bruno：《論原因、本原與一》，第5篇對話。

[17]　謝林：《先驗唯心論體系》，北京，商務印書館，1983，頁274。

[18]　同[17]，頁250。

黑夜裡都是黑的那個黑夜」。⑲

　　全面地、系統地闡述了世界的矛盾統一的，當然是黑格爾。這位辯證法大師認為：「絕對者本身就是同一與非同一的同一，對立和統一都同時包含在絕對者中」。⑳黑格爾把整個世界都理解為一種既對立又統一的發展，把矛盾提高到推動整個世界的原則來看待，深刻地揭示了世界發展過程的辯證內容。黑格爾的思想是對庫薩和謝林哲學思想的繼承和發展，同時又糾正了他們的缺陷。不過，黑格爾自己也不能免俗，他最終還是要追求一種消除一切矛盾的最高境界：「人從各方面遭到有限事物的糾纏，他所希求的正是一種更高的和更有實體性的真實境界，在這境界裡，有限事物的一切對立和矛盾都能找到它們的最後的解決，自由能找到它的完全的滿足。這就是絕對真實而不是相對真實的境界。最高的真實，本然的真實，就是最高的對立與矛盾的解決。在最高的真實裡，自由與必然，心靈與自然，知識與對象，規律與動機等的對立都不存在了。總之，一切對立與矛盾，不管它們採取什麼形式，都失其為對立與矛盾了」。㉑其實，黑格爾對這種無矛盾、無對立的最高境界的追求，恰恰是哲學追求最高統一的真實體現。當然，黑格爾的「最高境界」更多是在認識論意義上講的，而庫薩的對立面的一致還包含有本體論的成分。但是，如果我們考慮到庫薩的上帝在很大程度上也正是那個自己認識自己的思想，而黑格爾的認識論和本體論也是一致的，就會發現，這兩位思想家在本質上仍然是一致的。

⑲　黑格爾：《精神現象學》，上卷，頁10。

⑳　Hegel：《費希特哲學體系和謝林哲學體系的差異》，Leipzig 1981，頁87。

㉑　黑格爾：《美學》，卷1，北京，商務印書館，1982，頁127。

二、分 有

前面已經說過，在庫薩看來，無限是有限事物的本原。那麼，千差萬別的有限事物究竟是如何從這個本原產生的呢？難能可貴的是，作為羅馬天主教會的一位高級神職人員，庫薩沒有簡單地重複聖經中關於上帝從無中創造世界的說法，而代之以哲學的「分有」說。

也許，首先回顧一下哲學史，將會有助於我們理解庫薩的這一思想。

在西方哲學史上，「本原」大約是出現得最早的一個哲學概念。古希臘哲學早期的自然哲學家們提出這個概念，其目的就在於解釋世界的統一性。但是，隨著哲學思維的發展，巴門尼德提出了「存在」這個最普遍、最一般的範疇，並把它與「非存在」的感性世界對立起來，從而在哲學史上第一次明確地提出了兩個世界劃分的學說。於是，如何溝通這兩個世界，重新把世界統一起來，就成為哲學所面臨的新任務。應該說，柏拉圖的解決方案是不成功的，他把世界劃分為彼此對立的理念世界和現象世界，認為感性的具體事物不是真實的存在，在感性世界之外還有一個永恆不變的、獨立的、真實存在的理念世界。兩個世界之間不存在任何可比關係，也不存在任何混同和橋梁。現象實際上只是由於「分有」了理念世界的特性，才與理念世界有某種相似關係。這樣，世界的統一性問題依然沒有得到解決。亞里士多德從批判柏拉圖的理念論出發，把發展的思想引入對世界的解說，並作為貫徹始終的原則。從不被推動的第一推動者，到千差萬別的具體事物，都成為發展過程的一個環節。

整個世界構成一個完整的、連續的體系。新柏拉圖主義顯然是柏拉圖哲學和亞里士多德哲學的一個混合產物，它一方面保留柏拉圖哲學的超驗性思想，認為一是絕對超驗的神，是一切存在物的本原和最終原則，絕對超出於任何思想和存在之上；另一方面又用流溢說解釋了世界各等級的逐次產生，繼承了亞里士多德哲學關於連續性的思想。新柏拉圖主義這種把超驗性與連續性結合起來的作法，對中世紀經院哲學有著深刻的影響，在一定程度上也構成了庫薩探討無限與有限關係的出發點。

　　庫薩解決這一問題的方式基本上是柏拉圖主義的。一方面，他保留了柏拉圖所說的世界的分離，肯定了極大的超驗性，同時把柏拉圖的理念世界濃縮為唯一的絕對者。另一方面，他又力圖在重新解釋「分有」這一概念的基礎上，確立無限與有限的統一關係。

　　庫薩的分有說的本質內容就在於上帝是萬物的根據。有時他也把上帝稱作「萬物的形式的形式」或「萬物的原型」。萬物分有上帝，也就是分有上帝的存在。庫薩借助數學符號解釋了這種分有：「誰能理解上帝存在的形式，同時又不把它與造物混淆呢？從無限的線和有限的曲線中是不能產生出一個沒有比例關係就不能存在的複合體的。沒有任何人會懷疑，在無限和有限之間沒有比例關係。理性怎樣才能夠理解，曲線的存在產生自無限的直線，但直線自身並不是作為形式來構造它，而是它的原因和根據？它分有這個根據，不可能靠取走它的一個部分，因為這個根據是無限的和不可分的；也不能像質料分有形式那樣，例如不能像蘇格拉底和柏拉圖分有人性那樣；也不能像整體被部分分有那樣，例如不能像宇宙被它的部分分有那樣；也不能像多面鏡子以不同的方式分有同一張臉那樣，因為造物的存在不能先於它的產生；而在鏡子的例子中卻正是這樣，

鏡子在事先就是鏡子,然後才接受臉的影像」。㉒在這裡,庫薩明確地把自己的分有與柏拉圖(質料分有形式)、斯多亞學派(部分分有整體)、新柏拉圖主義(鏡子分有同一張臉)所說的分有區別開來,把分有僅僅局限於存在的根據。「無限的線是有限的線的根據,同樣,絕對的極大是一切事物的根據」。㉓

由於根據必然是無限的,因此它也就必然是唯一的,萬物的不同則是由於它們分有這一根據的方式不同,因而只能歸之於偶然性。「事物或者線的不同並非產生自根據的不同——根據是唯一的,而是產生自偶然性,因為它們不是同樣地分有根據。因此,只存在一個萬物的根據,它以不同的方式被分有」。㉔例如有限的直線由於是直的,就是對無限的線的直接分有。曲線的分有由於通過把極小的曲歸結為直,因而也就是間接的。同樣,「一些存在物比較直接地分有那極大的、實存於自身之中的存在,它們就是單純的有限實體;另一些存在物不是通過自身,而是以實體為中介分有了存在,它們就是偶性」。㉕

庫薩認為,事物分有根據的程度並不在於它分有了多少根據,因為根據是不可分的,而是在於它偏離的程度。在這裡,庫薩顯然吸取了新柏拉圖主義的流溢說和奧古斯丁關於惡是「善的缺乏」或者「實體的缺乏」的學說中的一些因素。例如他說:「曲之為曲不是某物,而是對直的偏離」。㉖直是一切線存在的根據,在這種意義上,

---

㉒ 同❷,卷1,頁40。

㉓ 同❷,卷1,頁20。

㉔ 同❷,卷1,頁21。

㉕ 同❷,卷1,頁22。

㉖ 同❷,卷1,頁22。

曲線作為線產生自無限的線，但曲線的曲卻不是產生自無限的線。曲線之所以曲，正是因為它是有限的，因為它不是極大的線。對於事物來說也是這樣。「事物由於不能夠是極大，因而是減弱了的、有差異的、形形色色的等等，然而這些並沒有原因。從上帝那裡，造物得到了它們的統一性、獨特性、同宇宙的和諧，而且它們的統一性越大，就越類似上帝。然而，它們的單純性處於複雜性之中，其獨特性處於混合性之中，其和諧處於不和諧之中，卻不是來自上帝，也沒有任何積極的原因，而是來自一種偶然的原因」。❷ 事物既分有了上帝的存在，同時又是對上帝的偏離。一切事物都是那同一個絕對本質的表現，只不過表現方式不同罷了。因此，一切事物都有越來越近地、永無止境地接近這個絕對本質的可能。這樣就必然導致一個危險的泛神論觀點，即一切造物都是上帝。事實上，庫薩的思維邏輯正是向這個方向發展的。他用一種虛擬的口氣說道：「誰能理解，所有事物都是那個唯一的無限形式的摹本，只是由於偶然性才具有區別，好像造物都是不完善的上帝似的。……由於無限的形式只能以有限的方式被感受，以致所有的造物都好像是有限的無限或者被造的上帝似的」。❷ 庫薩在說「上帝是一切事物」時何等痛快，在說「一切事物都是上帝」時卻不免有點縮手縮腳。僅此一項，就可以看出這一學說在當時的革命意義。

三、包容和展開

彼此對立的世界萬物都是對同一絕對本質的分有，同時又毫無

---

❷　同❷，卷1，頁40。

❷　同❷，卷1，頁41。

差異地融合在這一絕對本質之中。借助「包容」(complicatio)和「展開」(explicatio)這一對概念，庫薩進一步闡述了這一關係。

complicatio 和explicatio 的共同詞根是動詞plicare (卷)，加上前綴com 即為卷在一起，故譯為包容；加上前綴ex 即為展開來，故譯為展開。庫薩對此解釋說：「就一切事物在上帝之中來說，上帝是一切事物的包容者；就上帝在一切事物之中來說，上帝是一切事物的展開者」。❷這也就是說，上帝作為包容者，把一切事物都囊括在自身之內，也就是對立面的一致；上帝作為展開者，使一切事物具有自身獨有的存在，也就是事物的根據或絕對的本質，也就是事物分有了上帝。因此，上帝既是包容者也是展開者。而上帝展開萬物，萬物也就表現為展開的結果，因而也可以說萬物是上帝的展開，萬物展開了上帝。由於這種關係和上帝自身一樣，是人的理智所無法理解的，庫薩仍然是借助他的「符號」來說明這種關係的。

一是一切數字的包容，在一中，現實地包含著一切數字的可能性。一切數字都是一的展開，沒有一，任何數字都不可能產生。

量展開了一，就此來說，一可以稱作點，因為在量中除了點什麼也找不到。例如在一條線中，無論你怎樣分割這條線，點還是到處存在，對於平面和立體來說也是如此。因此，只有一個點，它就是無限的一。由於它把線和量包容在自身，因而也就構成了線和量的目的、完善性和整體性。線是它的第一個展開。

靜止也是這樣的一個一，它在自身中包容了一切運動，因為運動無非就是依次排列的靜止。因此，運動就是靜止的展開。

同樣，現在是一切時間的包容。過去曾是現在，未來將是現在，因此，時間無非就是依次排列的現在，過去和未來都是現在的展開。

---

❷ 同❷，卷1，頁42。

同理，同一是差異的包容，相等是不相等的包容，單純是區分的包容。結論就是，上帝是一切事物的包容，一切事物都是上帝的展開。

不過，從上面所舉的例子就可以看出，一切事物在上帝之中，上帝是一切事物的包容，這並不是指的事物自身，而是指的事物的本質、事物未被質料的可能性弄模糊的形式、事物的原型。總而言之，說一切事物在上帝之中，無非就是說上帝是一切事物的絕對本質，上帝就是一切事物。同樣，說上帝在一切事物之中，一切事物都是上帝的展開，指的也不是事物自身，而是指事物分有了上帝，分有了存在的根據。因此，說上帝在一切事物之中，也就是說一切事物都在其純粹存在的意義上就是上帝。「上帝是一切事物的包容和展開，就他是包容來說，一切事物在上帝之中就是上帝自身；就他是展開來說，它在一切事物中就是他所是的東西，就像真理在摹本中一樣」。[30]庫薩在上帝和萬物之間有條件地劃了等號。也正是在這種意義上，庫薩宣布：「由於造物是通過極大的存在被創造的，在極大中，存在、做和創造是一回事，因此，說創造無非就是說上帝是一切事物」。[31]

借助包容和展開，庫薩進一步從泛神論的角度闡明了上帝和萬物的關係。但是，在庫薩看來，這仍然不能使我們理解上帝的絕對本質。包容和展開這個對立面的一致依然是上帝所居住的天堂的圍牆。「上帝啊，當我在對立面的一致這堵圍牆所環繞的天堂中觀看你時，我看到你既不包容也不展開，既不做分離也不做結合，因為，分離和結合同樣都是一致這堵圍牆。你存在於這堵圍牆的彼岸，擺

---

[30]　同❷，卷1，頁44。

[31]　同❷，卷1，頁40。

脫了一切或者可以言說或者可以思想的東西」。❸

　　庫薩關於包容和展開的學說無疑和新柏拉圖主義的流溢說有著深刻的淵源關係。不過，在庫薩這裡，宇宙萬物逐級從一流溢而出的神祕過程已不復存在，上帝與萬物的關係被進一步密切化了。傳統泛神論把上帝看作是宇宙的整體、起源的簡單性已經不能再滿足庫薩了。毋寧說，庫薩的上帝觀更多地把宇宙萬物看作是上帝這個唯一本質的展現，從而更為接近把上帝看作是唯一的實體即自然、把萬物看作是唯一實體的不同樣式的斯賓諾莎哲學。這正是近代泛神論的精神實質。

第六章 宇宙 — 限定的極大

同樣是在《論有學問的無知》的第一卷第二章中，庫薩把宇宙稱為限定的極大，並把它規定為：「就像絕對的極大是一切事物憑藉它才是其所是的絕對存在一樣，從這一絕對存在也產生了存在者的普遍統一。除了絕對者之外，這種普遍統一也被稱作極大，它作為宇宙擁有限定的存在。它的統一被限定在多中，離開了多它就不能存在。雖然這個極大在它的普遍統一中包容了一切事物，以致一切從絕對者取得存在的事物都在它之中，而它也在一切事物之中，但它在自己存在於其中的多之外卻沒有實存。離開了與它不可分離的限定，它就不能存在」。❶

庫薩把上帝稱作絕對的極大，把宇宙稱作限定的極大。由此可見，他是把宇宙看作是上帝的限定的形象。正如他在《論本原》一書中所說：「世界是不可定形者的形象，是不可描述者的描述。可感

❶ N. Cusanus:〈論有學問的無知〉，《尼古拉・庫薩著作集》，卷1，頁8。限定的名詞形式contractio 和形容詞形式contractus 皆來自其動詞形式 contrahere，原意為「拉到一起」，引申為「簡縮、濃縮、凝結、限制、集中」等。在庫薩這裡，該詞是在具體化的意義上使用的，故譯為「限定」。「所謂限定，就是限定為某物，以便作為這個或者那個存在」(N. Cusanus:〈論有學問的無知〉，《尼古拉・庫薩著作集》，卷1，頁46)。

世界是不可感世界的形象，時間中的世界是永恆和無時間的世界的形象，有形世界是真實的和不可定形的世界的摹本」。❷ 這是因為，上帝是萬物的本原，因而也就是作為萬物之總和的宇宙的本原。所以，「由於限定的或者具體的東西從絕對者得到了它所是的一切，因此，那個限定的極大也以盡可能最大的方式體現著絕對的極大。所以我們相信，在第一卷中關於絕對的極大所認識的道理，就像它們作為絕對的道理極大地符合絕對者一樣，也以限定的方式符合限定者」。❸ 事實上也的確如此，庫薩關於宇宙所作的結論，都是通過宇宙同上帝的比較，從他的上帝觀演繹出來的。

一、宇宙的無限性

在庫薩看來，無限是上帝的最根本的屬性。他稱上帝為否定的 (negative)無限，也就是說，上帝作為無限是一切界限的否定。但宇宙不能是否定的無限，只能是欠缺的(privative)❹ 無限，也就是說，雖然事實上沒有任何界限能夠限制宇宙，在這種意義上宇宙也是無限的，但是宇宙並不能像上帝那樣是其所能是，能多麼大就有多麼大，宇宙也不能比它現實的大小更大。「盡管上帝是無限的，盡管上帝能夠由此創造一個無限的世界，但是，由於世界的可能性必然受到限制，它的資格既不是完全絕對的，也不是無限的，所以，根據它的存在可能性，世界在現實上既不能是無限的，也不能比現實

---

❷　N. Cusanus:《論本原》，Heidelberg 1967，頁62～63。

❸　同❶，卷1，頁44。

❹　negative 源自動詞negare（否定），意為否定性的。privative 源自動詞 privare（剝奪、喪失），意為有缺陷的、缺乏的。

的大小更大」。❺因此，雖然基於上帝的無限的力量，宇宙可以更大一些，但由於受到自己的可能性的限制，這種可能性使它不能無限地擴展，所以它在現實中也就不能更大。「因此，宇宙是沒有界限的，因為不存在一個限制它的事實上更大的東西，因此，宇宙是欠缺的無限。宇宙在現實上只能以限定的方式存在，這種存在方式是它的本性的條件所允許的最佳方式」。❻

宇宙的無限性不僅僅是在空間意義上說的，它同時在時間上也是無限的，即永恆的。當然，和宇宙在空間上是一種欠缺的無限一樣，它在時間上的永恆也是一種欠缺的永恆。這也就是說，宇宙是永恆的，但它並不是永恆自身，而是分有了永恆，在時間中沒有任何界限能夠限制宇宙。在晚年的對話體著作《論球戲》中，庫薩寫道：「我不相信一個聰明人會否認世界是永恆的，盡管它不是永恆自身。因為只有萬物的創造者才以他是永恆本身的方式是永恆的。即使某種別的東西被稱作是永恆的，它擁有這個名稱也不是因為它是永恆本身，而是因為它通過分有永恆或者從永恆中得到存在」。❼世界在時間上既沒有一個開端，也沒有一個終結。世界的存在並不依賴於時間。「即使天體的運動和作為運動尺度的時間停止了，世界並不停止其存在。但如果世界消失了，時間也就消失了」。❽庫薩甚至大膽地宣布世界和上帝同樣是永恆的：「盡管世界是由於永恆才是其所是，但如果世界存在這種說法不是真的，那麼，永恆存在這種說法也就不是真的」。❾這無疑是重複了不久前才被宣布為異端的艾

---

❺ 同❶，卷1，頁54。

❻ 同❶，卷1，頁39。

❼ N. Cusanus：《論球戲》，Hamburg 1978，頁13。

❽ 同❼，頁14。

克哈特的思想。

庫薩把上帝看作是絕對的極大,而把宇宙看作是限定的極大;把上帝看作是否定的無限,而把宇宙看作是欠缺的無限;把上帝看作是永恆本身,而把宇宙看作是對永恆的分有;這固然是一種不徹底的泛神論,但如果我們的研究僅僅停留在這一點上,就會忽略掉這一學說在當時的歷史條件下的革命意義。庫薩通過把宇宙規定為限定的無限,實際上是把過去專屬於上帝的無限性也賦予了宇宙,為後來的泛神論把上帝等同於宇宙作好了準備,同時也就為他具體地研究一與多、無限與有限、共相與個性、抽象與具體、可能與現實、運動與靜止等一系列現實的辯證關係洞開了門戶,而且還使他在宇宙論問題上做出了許多相當接近現代觀點的結論。庫薩把時間看作是世界的存在方式,認為時間是依賴於世界及其運動的,這比把時間看作是主觀的認識或者脫離事物本身的純粹連續性的看法也要正確的多。只有聯繫到這一點,我們才能準確地評價庫薩這一學說的歷史意義。

二、宇宙的統一性

在談論上帝的時候,庫薩稱上帝為絕對的極大或絕對的一。絕對的一把一切事物包容在自身之內,自己卻不是多,也沒有多能與它對立。宇宙是上帝的限定形式,它作為限定的極大或限定的一也先於一切對立面,以一種限定的方式是一切事物之所是,是一切事物的限定的本原和目的。不過,「由於限定的無限性或單純性或無區別性就其限定來說無限地低於絕對者,以致無限的和永恆的世界根

❾　同❼,頁13。

本不能與絕對的和永恆的無限相比，它的一也不能和絕對的一相比。絕對的一擺脫了一切複多性，但限定的一，即單一的宇宙，雖然它也是極大的一，但由於它是限定的，卻不能擺脫複多性，盡管只有這一個限定的極大。雖然它以最高的方式是一，但它的一卻受到多的限定，就像它的無限性受到有限性的限定，單純性受到複合性限定，永恆性受到前後相繼性限定，必然性受到可能性限定等等一樣」。❿ 這也就是說，一切事物在上帝之中，採取的是對立面一致的方式，在那裡一切是一，不存在任何差異和矛盾，而一切事物在宇宙之中，卻是作為各自獨特的存在，也就是說，宇宙的一是包容對立與矛盾於自身的一，是一與多的辯證統一。

從另一角度來說，上帝和宇宙在與多的關係上的區別還在於，上帝是一切事物的絕對本質，而宇宙是一切事物的限定本質。雖然上帝和宇宙都不局限於任一特定的事物，而是在一切事物中是其所是，但上帝是以一種絕對的方式，宇宙則是以一種限定的方式。事物的絕對本質是同一個上帝，上帝並不是在太陽中就是太陽，在月亮中就是月亮。太陽和月亮的絕對本質是沒有區別的，上帝是太陽和月亮之所是，但並不具有複多性。而事物的限定本質卻就是事物本身，因而是彼此不同的。因此，「由於宇宙是一個限定了的本質，它在太陽中以一種方式受到了限定，在月亮中以另外一種方式受到了限定。所以，宇宙的同一性是寓於差異性之中的，就像它的一寓於多之中一樣。因此，雖然宇宙既不是太陽也不是月亮，但它在太陽中就是太陽，在月亮中就是月亮」。⓫

庫薩緊接著指出，宇宙就意味著普遍性，即許多事物的統

---

❿ 同❶，卷1，頁45。

⓫ 同❶，卷1，頁45。

一。⑫就像人既不是蘇格拉底也不是柏拉圖，但是在蘇格拉底之中就是蘇格拉底，在柏拉圖之中就是柏拉圖一樣，宇宙與萬物的關係也是如此。這實際上是把宇宙看作是最高的共相。由此出發，庫薩認為宇宙似乎可以看作是亞里士多德的十範疇中的普遍性，然後是類，再後是種。這樣就形成了一個共相的等級。宇宙只有在類中才能展開，類也只有在種中才能展開。只有個體才是現實地存在的，普遍的東西則是以限定的方式存在於個體之中，因而只有以限定的方式才有現實的存在。庫薩借此轉向了貫穿經院哲學的「共相之爭」。在他看來，按照本性的順序，共相確實有一種先於事物的普遍存在，這種存在可以由個別事物限定。但這不是說共相在限定之前就有現實的存在，共相不能存在於自身，而是存在於限定它的、現實存在的個體事物之中。這就是說，在邏輯上共相先於個別事物，在現實中卻不能脫離個別事物獨立存在。但另一方面，共相也不是純粹的思想存在物。理性通過抽象給予共相一種事物之外的存在，只有這種抽象的結果才是思想性存在物，而抽象是在存在之後的。「狗和與狗同類的其他動物由於在它們中間存在的共同類本性而被概括為一，但是，即使柏拉圖的理性不從類似性的比較中得出這個類概念，這種類本性也依然限定在它們之中」。⑬因此，借助比較產生的共相只不過是限定在個體事物之中的共相的摹本。這也就是說，在邏輯上，共相是先於事物的；作為事物的本質，共相是在事物之中的；作為認識的結果，共相是在事物之後的；認識中的共相是事物中的

---

⑫ 在拉丁文中，universum（宇宙）一詞由unus（一）和versus（轉向、轉化）構成，意為把不同的東西轉化為一。universalitas（普遍性）也是由該詞派生的。

⑬ 同❶，卷1，頁49～50。

共相的反映。顯然，庫薩已經開始辯證地處理共相與個別事物的關係了。

　　綜上所述，單一的上帝存在於單一的宇宙之中，而宇宙又（通過類、種）以限定的方式存在於萬物之中。庫薩認為：「這樣我們就可以認識到，上帝是最單純的一，由於他存在於單一的宇宙中，似乎可以說他由此以宇宙為中介存在於一切事物之中，而事物的多也以單一的宇宙為中介存在於上帝之中」。❹關於限定的學說進一步深化了上帝與萬物的關係。無論是出自信仰，還是出自被迫，庫薩都不得不承認上帝的超驗性。但是，他的辯證方法又促使他必須找到一個溝通無限和有限的橋梁。現在，這個橋梁已經找到了，它就是宇宙。宇宙作為上帝的代理人，使庫薩關於一與多、無限和有限的辯證思想得到了淋漓盡致的發揮。如果說在有的哲學家那裡，革命的方法最終被保守的體系所窒息，那麼，在庫薩這裡情況恰恰相反，革命的方法正在奮力掙脫舊體系的束縛。我們不得不為這位哲學家的苦心孤詣表示由衷的贊嘆。

　　由於在庫薩看來，上帝是以宇宙為中介，以一切事物在上帝之中的方式而在一切事物之中，他也就必然得出了古希臘哲學家阿那克薩戈拉(Anaxagoras)已經表述過的那個結論，即「一切事物都在一切事物之中，並且每一事物都在每一事物之中」。❺因為宇宙以限定的方式存在於一切事物之中，在每一事物中它都是該事物，所以每一事物都承受了一切事物，以致一切事物都在每一事物之中以限定的方式是該事物。「由於宇宙以限定的方式存在於每一現實存在著的事物中，所以很清楚，存在於宇宙之中的上帝也就存在於每一事

---

❹　同❶，卷1，頁46。

❺　同❶，卷1，頁46。

物之中，每一現實存在著的事物也就像宇宙那樣直接存在於上帝之中。因此，說『每一事物在每一事物之中』，無非就是說上帝通過一切事物而在一切事物之中，一切事物通過一切事物而在上帝之中。深刻的理性能夠清楚地理解這個極為高深的道理，即上帝如何由於每一事物在每一事物之中而無區別地在一切事物之中，一切事物又如何由於一切事物在一切事物之中而在上帝之中。但是，由於宇宙在每一事物之中，以致每一事物也都在宇宙之中，宇宙在每一事物之中也就以限定的方式是它以限定的方式之所是，每一事物在宇宙之中也就是宇宙自身，盡管宇宙是以不同的方式存在於每一事物之中，而每一事物也以不同的方式存在於宇宙之中」。❶

不過，上帝存在於一切事物之中是以現實的方式，宇宙存在於一切事物之中是以限定的方式，而一切事物存在於一切事物之中、每一事物存在於每一事物之中卻是以潛能的方式。在現實中，任何事物都不可能是一切事物，否則它就會成為上帝，因為只有上帝才能現實地是一切事物。雖然每一事物都在自身之中包含了所有的規定性（對立面），但事物的性質卻是由占主導地位的規定性決定的。一切事物在現實中都只能是其所是，世界上不存在任何兩個完全相同的事物。這樣，一切事物都在不同程度上獲得了自己的存在，一切事物都在每一事物之中和平共處，因為每一程度的存在都不能離開其他程度的存在而存在，就像在身體中每一肢體都利用其他肢體，一切肢體在一切肢體中獲得滿足一樣。眼睛在現實上不是手、腳和其他肢體，但它滿足於是眼睛，手也滿足於是手，各個肢體相互支持，以致一切肢體都能以最佳的方式是其所是，任何肢體都通過任何肢體直接在人之中，而人也通過每一肢體而在每一肢體之中，就

---

❶　同❶，卷1，頁47。

像整體通過每一部分而在每一部分之中一樣。人的各個肢體的和諧聯繫使人的生命過程得以正常進行，而宇宙也正是通過它的各個部分的和諧聯繫而成為一個有機的整體。庫薩認為，這裡表現出「事物的奇妙的統一性、令人贊嘆的相等性和最奇妙的結合」，「事物的差異和結合就是在這裡產生的」。❼庫薩在這裡充分揭示了宇宙萬物彼此不同、彼此聯繫，從而構成一個豐富多彩的宇宙有機整體的辯證關係。熟悉哲學史的人都知道，德國近代哲學家萊布尼茨認為，「我們的理性常常陷入兩個著名的迷宮」，其中之一就是「有關連續性和看來是它的要素的不可分的點的爭論，而這問題牽涉到對於無限性的考慮」，這個問題「受到哲學家們的重視」。❽萊布尼茨用單子的相互聯繫和普遍的和諧找到了走出這一迷宮的方法。如果把庫薩和萊布尼茨的哲學思想加以比較，我們就會發現，無論是就問題的提出，還是就問題的解決方法來說，庫薩都是萊布尼茨的當然先驅。

三、宇宙的三位一體

庫薩在宇宙的統一性問題上主要闡述了一與多、無限與有限、差異與聯繫之間的辯證關係。而在宇宙的三位一體問題上，他開始著手解決可能與現實、質料與形式之間的辯證關係。

在本書第三章中，我們曾經介紹了庫薩關於上帝的三位一體的論述。在上帝那裡，一、相等、結合這三者是一而三、三而一的，

❼ 同❶，卷1，頁47。

❽ 轉引自苗力田、李毓章主編：《西方哲學史新編》，北京，人民出版社，1990，頁355。

三者沒有區別地形成一個共同的整體。宇宙是上帝的限定，因此宇宙也必然是三位一體的。但正因為宇宙是限定的存在，在上帝中三個位格絕對同一的關係已不可能在宇宙中存在。在宇宙中，「相互關聯的東西只能通過彼此的聯結存在。因此，沒有一個能夠是宇宙，而只有一切事物一同構成宇宙。沒有一個事物能夠現實地存在於另一事物之中，而是只有以限定的條件允許的方式被限定得彼此關聯，以致由它們形成了單一的宇宙。離開了那種三位一體，宇宙就不可能是單一的。離開了可限定者、限定者，以及由兩者的共同活動所確立的結合，限定是不可能的」。⑲ 這裡的可限定者、限定者與結合，就構成了庫薩所說的宇宙的三位一體。庫薩接下來對這三者進行了具體的分析。

可限定性意味著某種可能性，它是由上帝創造性的一下降產生的，就像異也是由一下降產生的一樣。因此，可限定性也就意味著可變性和異。沒有任何東西能夠先於可能性，因為不可能存在的事物肯定不可能存在。所以，可能性必然是永恆的一下降產生的。

限定者是從一的相等下降產生的。因為一的相等給限定者的可能性規定了界限，使可能性以限定的方式成為這個或者那個事物的存在，而存在與一是同一個東西，所以，限定者是從一或者存在的相等下降產生的，而這個相等也就是上帝的「道」。⑳ 庫薩指出，道是事物的根據、理念和絕對的必然性。因此，一些人把限定者稱作形式或者世界靈魂，把可能性稱作質料，柏拉圖主義者則把限定者稱作聯結的必然性。庫薩在自己的著作中也接受了這些術語，把可限定者與質料、可能性等同起來，把限定者與形式、必然性等同起

---

⑲　同❶，卷1，頁52。

⑳　道即verbum（言語），即希臘文中的logos（邏各斯）。

來。

最後，在可限定者與限定者之間，或者說在質料與形式之間，還存在著結合，這種結合是由某種愛的精神通過某種運動把前兩者統一起來實現的。有些人習慣把結合稱作被規定的可能性，因為施加規定的形式與可規定的質料的結合把存在的可能性規定成為這個或者那個存在的現實。庫薩認為，結合顯然是由聖靈下降產生的。因為聖靈就是無限的結合。

庫薩指出，宇宙的一之所以是三重的，就是因為它是由可能性、聯結的必然性和結合構成的，或者說由潛能、現實和結合構成的。由此可以得出四種普遍的存在方式，即絕對的必然性、聯結的必然性、被規定的可能性和絕對的可能性。庫薩在這裡顯然接受了愛留根納在《論本性的區分》中提出的四種本性的思想。在他看來，絕對的必然性就是上帝，他是形式的形式，存在物的存在，事物的根據和本質；聯結的必然性是事物的自在的真形式，一如它們在精神中的存在一樣；被規定的可能性則是宇宙間的萬事萬物；而絕對的可能性依然是上帝。

不過，庫薩並沒有停留在愛留根納的水平上。他進一步分析了這些存在方式在宇宙中的關係，從有學問的無知的規則出發，把它們與可能和現實、質料和形式之間的辯證關係結合起來。庫薩指出：「後三種存在方式存在於單一的普遍性中，即存在於限定的極大中。它們構成了一個普遍的存在方式，因為離開了它們，就沒有任何東西能夠存在。我這裡說存在方式，是因為普遍的存在方式由這三種存在方式構成，並不像房子由房頂、地基和牆壁構成那樣是由部分構成的，而是由存在方式構成的。就像玫瑰花那樣，它冬天在玫瑰樹上是潛在的，夏天則是現實的，即從一種可能性的存在方式

轉化為現實的被規定的存在方式。從這裡我們就可以看出，有可能性的存在方式，也有必然性的存在方式，還有現實的規定的存在方式，它們共同構成了一個普遍的存在方式。因為離開了它們，什麼也不能存在，一種存在方式也不能脫離另一種存在方式現實地存在」。❷

　　問題的關鍵就在最後一句話。它說明，對於宇宙中的任何事物來說，它都必須由這三種存在方式共同構成，三者缺一不可。因此，在這三種存在方式中，任何一種都不可能成為絕對的，否則它就會因成為極大而就是上帝。任何一種方式都必然要受到其他兩種方式的限定，因為任何事物都不可能成為極大。他指出：「現在我們知道，宇宙是三位一體的，在宇宙中，不存在任何東西不是由潛能、現實和結合的運動構成的一，這三者中沒有任何一個可以離開其他二者而絕對地存在，結果是它們三者在一切事物中都必然以不同的程度和不同的方式存在，以致就這三者來說，或者是僅就三者中的任何一個來說，在宇宙中不存在任何兩個事物是完全一致的。盡管如此，就任何一個類來說，即使是就運動的類來說，都不能達到絕對的極大和或者極小」。❷

　　這樣一來，可能、現實與結合在宇宙中都只能有一種限定的存在。由此出發，庫薩批判了亞里士多德學派所假設的純粹的質料。在他看來，絕對的可能性就是上帝，在上帝之外不存在什麼絕對的可能性。因為在可能的東西中，沒有東西比絕對的可能性更接近無了，如果承認在上帝之外還有絕對的可能性，那就等於承認在上帝之外還有一個極大，這是不能允許的。因此，一切可能性都是限定

　❷　同❶，卷1，頁51～52。

　❷　同❶，卷1，頁61。

的，是由現實限定的。而現實又受到可能性的限定，因為絕對的現實只能是上帝。這樣就產生了區別和級差。在有的事物中潛能多一些，在有的事物中現實多一些，但永遠不能達到絕對的極大和極小，因為極大和極小的現實與極大和極小的可能性是一致的。這也就是我們的宇宙不可能是絕對無限的原因。

庫薩也批判了柏拉圖學派關於理念世界或者把眾多的真實形式包容於自身的世界靈魂的說法，但他不同意亞里士多德學派對柏拉圖學派的批判，認為亞里士多德學派的反駁缺乏邏輯上的一貫性，沒有切中問題的實質，僅僅批判了外在的文字表述。在他看來，事物的真實範型是存在的，離開了它們就不可能解釋從可能性到現實的轉化。但是，「柏拉圖主義者們宣稱有各種形式的各種摹本，這是錯誤的，因為只有一個各種形式的無限形式，一切形式都是它的摹本」。❷❸認為有許多個彼此不同的範型，它們中的每一個相對於自己的摹本來說都是絕對真實的，這是不可能的。因為它必然導致多個極大的存在。「就此來說，並不像那些把世界靈魂看作是在上帝之後並在世界的限定之先的精神的人們所想像的那樣，在絕對者和被限定者之間有一個中間物。就靈魂被看作是某種絕對的東西，事物的一切形式都現實地存在於它之中來說，只有上帝才是世界的靈魂和精神」。❷❹因此，「世界靈魂必須被看作是某種普遍的形式，它把一切形式包容在自身之中，但除了以限定的方式存在於事物之中外，它在現實上沒有實存，它在任何一個事物中都是事物的限定的形式」。❷❺事物的真正範型只有一個，那就是上帝。而柏拉圖主義者所

---

❷❸　同❶，卷1，頁58。

❷❹　同❶，卷1，頁58。

❷❺　同❶，卷1，頁58。

說的世界靈魂只有與限定它的可能性結合才能存在。

最後，聯結可能性與現實、質料與形式的運動和精神也不能是絕對的。「沒有任何絕對極大的運動，因為這種運動是與靜止一致的，因此，任何運動都不是絕對的，因為絕對的運動就是靜止，就是上帝」。❷因此，宇宙中一切事物都處於不斷的運動中，這種運動是由聖靈下降產生的，聖靈通過這種運動推動著一切。庫薩稱這種運動為「被創造的精神」，它充斥著整個宇宙和宇宙的一切部分，潛能借助它寓於現實之中，現實也借助它寓於潛能之中。它以不同的限定方式推動著各種各樣的事物，由此而把一切事物聯結為一體，形成一個把多統一為一的宇宙。「一切事物都以各自獨特的方式被推動，以致以最佳的方式是其所是，沒有任何事物以與其他事物相同的方式被推動。於是，每一事物都以自己的方式或直接或間接地限定和分有每一其他事物的運動，就像元素和從元素產生的東西限定和分有天體的運動、所有肢體限定和分有心臟的運動一樣，其結果就產生了統一的宇宙」。❷

這樣，一切可能性都被包含在絕對的可能性之中，一切形式和現實都被包含在絕對的形式之中，一切聯結的運動都被包含在絕對的結合之中。「因此，上帝是萬物唯一的本原，在上帝之中並通過上帝，一切事物都以各自不同的程度，根據它們在絕對的極大和絕對的極小之間的地位，以摹本的方式被限定，存在於某種三位一體的統一之中。其結果是，在精神存在物那裡有一種潛能、現實和結合的運動的程度，在那裡理解就是運動；在有形體存在物這裡有另一種質料、形式和結合的運動的程度，在這裡存在就是運動」。❷

---

❷　同❶，卷1，頁60。

❷　同❶，卷1，頁60。

　　由此可見，庫薩在論述宇宙的三位一體問題時，顯然吸收了柏拉圖主義和亞里士多德主義的一些成分，並從他的有學問的無知的原則出發對這些成分進行了改造，使之成為他自己的哲學體系的一個有機組成部分。在有限的事物中絕不能達到真正的極大，這是貫穿全部庫薩哲學的原則。庫薩不僅根據它建立了自己的認識論，也根據它建立了自己的本體論。這是我們在研究庫薩哲學時必須注意的。

　　庫薩的哲學充滿了辯證的思想，但如前所說，他的上帝觀仍不免時時令人產生某種遺憾。在他那裡，上帝那絕對的無限性就像一個無邊無際的黑洞，吞噬了無數精彩的思想火花。但在庫薩的宇宙觀中，這種遺憾得到了補償。在這裡，一與多、無限與有限、潛能與現實等等之間的關係都表現為一種既對立又統一的關係，給人以一種親切真實的感受。然而，當我們把他的上帝觀和宇宙觀結合起來思考的時候，卻突然發現，除了那些殘存的神學因素之外，庫薩的上帝在形而上學的意義上竟是一個多餘的東西，充其量也只能扮演某種公設的角色。上帝的所有形而上學性能都是通過宇宙這個唯一的中介實現的，因而也就可以由在時間上和空間上無窮無盡的宇宙來取代。盡管庫薩在上帝和宇宙之間劃了一道似乎不可逾越的鴻溝，但他的哲學的現實結果卻是把二者疊合起來了。可以毫不誇張地說，正是庫薩的這種思維邏輯，促使斯賓諾莎最終把上帝和自然融為一體，說出了「上帝即自然即實體」的千古名言。盡管庫薩本人和他的一些研究者都竭力避免把他的哲學歸入泛神論，但在實際上卻正是庫薩開啟了近代泛神論的傳統。

---

❷　同**❶**，卷1，頁60。

第七章　庫薩形而上學的宇宙論結果

　　哲學是人類的最高智慧，它的作用和功能就在於把握整體和無限。因此，哲學既以人們在有限領域中的認識為基礎，是這些認識的最高概括，同時又需要超越這些認識，通過思辨完成從有限到無限、從局部到整體的過渡，在有限認識之前提出某種猜測、預言，或者建立某種模型，從而為有限認識提供指導。這也就是說，哲學的作用和功能是雙重的：它既是「密納發的貓頭鷹」，只是待到黃昏來臨才起飛；同時又是「高盧的雄雞」，用它的清啼來預告絢麗的日出。

　　前文已經說過，尼古拉・庫薩不是以一個科學家的頭腦，而是以一個哲學家的頭腦來思考世界的，他對自然科學的愛好也完全是為他的哲學研究服務的。但是，這並不妨礙他在許多問題上依據一個哲學家的敏銳洞察力，以思辨的方式預言了以後幾個世紀中科學家們以經驗的方式得出的結論。

一、宇宙的體系

　　在西歐的中世紀，占統治地位的宇宙觀是經過基督教改造的亞里士多德─托勒密地球中心說。在這種學說看來，宇宙是唯一的、

有限的。在這個宇宙中，地球是靜止不動的中心，圍繞著它旋轉的七層水晶天域上分別嵌著日、月和五大行星，它們分別為諸天使所推動。第八層天域則嵌著不動的恆星，它構成宇宙的周邊，在它之外則是那唯一不被推動的推動者上帝的居所天堂。作為塵世的地球是由土、水、氣、火四種元素構成的，而作為天界的天域則是由「第五種本質」，即神聖的以太構成的。這樣，就形成了一個由塵世、天界和天堂所構成的等級森嚴的體系。天界一方面構成了與塵世截然不同的對立方面，同時又是上帝和塵世之間的中間物。地球是宇宙的中心。諸天體離地球的距離越遠，就越接近上帝，其地位也就越高。

庫薩從他的有學問的無知的原則出發，徹底拋棄了這一等級制的宇宙觀。在他看來，只有無限者和有限者的區分才是不可逾越的。而無限者是唯一的，這就是上帝。其餘的一切都屬於有限領域，都是上帝的展開。在它們之間不存在本質的區別，因為萬物的絕對本質都是那唯一的上帝。雖然庫薩有時也依照傳統談到過天使、魔鬼之類的東西，但他認為，它們也都屬於被造物的領域，並不是上帝和宇宙之間的中間物。因此，整個宇宙是統一的、同質的，宇宙中的一切事物都是以各自不同的方式分有了唯一的上帝的絕對本質，因而都是上帝的限定。宇宙不被任何邊界所限制，因而也就不可能存在一個宇宙中心。在宇宙中，一切事物都是有限的，不存在所謂的上下、遠近、高低、尊卑之別，一切被造物與上帝的距離同樣是無限的。正如卡西勒所說的那樣：「這樣一來，低賤的月下世界與高貴的天體世界之間的價值對立就被一下子清除了。阿那克薩戈拉的原理，即在有形世界裡面『一切事物在一切事物之中』，取代了像亞里士多德物理學所假定的那樣的元素的等級制。在不同的天體那裡

所發現的區別，並不是它們的實體在類上的區別，而是建立在到處都同類的、散布在整個世界的基本元素混合的不同狀況之上」。❶ 例如，庫薩認為，如果我們能夠到太陽上去，就會發現，太陽和地球一樣，也是由土、氣、水、火組成的。當然，比起近代天體物理學通過光譜分析所得出的結論來說，庫薩的這種見解無疑是幼稚的、粗糙的。不過，二者在強調宇宙統一、天地同一這一點上，本質上是一致的。庫薩的預言是對古代樸素自然哲學的繼承，同時也在理論上為近代哲學和科學論證宇宙的統一性掃清了道路。

宇宙間的萬物雖然是同一絕對本質的展開和限定，但是這種展開和限定卻是以各自不同的方式進行的。因此，盡管在本質上一切事物是一切事物，每一事物是每一事物，但在現實上卻沒有任何事物能夠是一切事物。所有事物都是各自不同的。「我們認為相等是有不同程度的，根據與相似事物在種、屬、地點、影響和時間方面的一致與不同，一事物同這事物比同另一事物更相等。由於這種原因，不可能找到兩個或多個事物如此相似和相等，以致它們不能無限地更相等了」。❷ 普遍的東西在每一個個體那裡都以該個體所獨有的方式成為該個體之所是。「個性使一切個體化，特性使一切特別化，一般使一切一般化，普遍使一切普遍化。因此，一切普遍的、一般的、特殊的東西都在你朱麗安那裡朱麗安化，就像諧音在長笛那裡長笛化，在吉他那裡吉他化一樣。這也適用於其他事物」。❸ 因此，世上的一切事物都以它自己的方式是完美的，盡管與其他事物相比它可能顯得更為完美或不那麼完美。「最仁慈的上帝以能被接受的方式把

---

❶　E. Cassirer：《文藝復興哲學中的個人和宇宙》，頁27。

❷　N. Cusanus：〈論有學問的無知〉，《尼古拉·庫薩著作集》，卷1，頁5。

❸　N. Cusanus：〈論猜測〉，《尼古拉·庫薩著作集》，卷1，頁152。

存在分配給一切事物。因此，由於上帝毫無區別地、毫無妒忌之心地分配存在並且被接受，以致偶性不允許有另一種更高的接受方式，所以，一切被創造的存在都安處在它以適宜的方式從神聖的存在獲得的完美性中。它並不追求其他任何一種被創造的存在，好像那種存在更完美一些似的。它偏愛自己從極大獲得的存在，把它當做上帝的賜予，並希望以不變的方式完善它和維護它」。❹這樣，由於共同的絕對本質和不同的分有方式，世界也就形成了一個多樣性的和諧統一體，每一事物都在自身中包含著整個宇宙，反映著整個宇宙，因而都是一個「小宇宙」。一切事物都存在於與其他事物的聯繫之中，構成了一個有機的整體。

　　因此，雖然庫薩否定了傳統的宇宙等級制，但是，他的這種否定主要是針對上帝和世界之間的中間物，或者換句話說，主要是為了把除上帝之外的一切事物統一在唯一的宇宙之中。由此出發，庫薩並不否認在宇宙中存在著事物之間的差異，因而也不否認宇宙中存在著事物的某種等級。這種等級是在同一絕對本質的基礎上，由分有同一絕對本質的不同方式造成的。因此，按照庫薩的這一思想，宇宙中事物的差異和等級也不是上帝創造世界的結果，而是一個自然過程的結果，是事物以不同的方式分有上帝的結果。

　　在《論智慧》一書中，庫薩描述了這一等級體系：「智慧（指上帝——引者）在不同的形式中是以不同的方式被接受的，這就造成了，任何被賦予自身存在的事物都以它可能的方式分有智慧，以致一些事物以某些相當遠離第一形式的靈性(spiritus)分有了智慧，這種靈性幾乎不能被賦予元素的存在；另一些事物以較高形式的靈性分有了智慧，它們被賦予礦物質的存在；還有一些事物以比較高貴

---

❹　同❷，卷1，頁41。

的級別分有了智慧，它們被賦予植物性的生命；還有一些事物以更為高貴的等級分有了智慧，它們被賦予感性的生命；在此之後有想像力的生命、有知性的生命、有理性的生命；最後這個等級是最高貴的等級，也就是智慧的最切近的摹本，只有這個等級才有能力上升到品味智慧的程度」。❺ 在這裡，庫薩為我們描繪了一個從渾沌到無機物、從無機物到有機物、從植物到動物、從低等動物到人的世界圖景。難能可貴的是，庫薩的這一世界圖景並不完全是靜態的劃分，它已經蘊含著某種發展和進化的思想。發展之所以可能，乃是因為在低級的存在形式中已經潛藏著高級存在形式的因素。「元素的力量潛藏在渾沌之中，在植物性力量中潛藏著感性的力量，在感性的力量中潛藏著想像的力量，在想像的力量中潛藏著邏輯的力量或者知性的力量，在知性的力量中潛藏著理性的力量，在理性的力量中潛藏著精神上洞見的力量，在精神上洞見的力量中潛藏著一切力量的力量」。❻ 因此，「生命在感性界中比在植物界中高貴，而在理性界中更加高貴」。❼ 前蘇聯學者在談到庫薩的這一思想時寫道：「『包容』以及世界從一個統一的和唯一的始基即絕對者『展開』的思想，把動態帶進了自然界，導致了發展的思想，至少是導致了一個無界限的自然界的觀念（有時用 evolutio（進化）一詞代替 explicatio（展開）一詞，並不是偶然的）」。❽ 在《論有學問的無知》第三卷中，庫薩具體地展開了自然界無界限的思想。在他看來，宇宙是上帝的

---

❺　N. Cusanus：〈論智慧〉，《尼古拉・庫薩著作集》，卷1，頁225。

❻　N. Cusanus：《論球戲》，頁83。

❼　同❻，頁29。

❽　T. I. Oiserman 主編：《辯證法史》14至15世紀部分，Berlin 1979，頁39。

限定，而宇宙又被限定在各個類中，類又被限定在各個種中，只有個體才是現實地存在的，而各個個體又是彼此不同的。「在同一個種的許多個體中，必定可以遇到不同程度的完善性。因此，就一個特定的種來說，沒有任何一個個體能夠是極大地完善的，以致不能有比它更完善的了；也沒有任何一個個體能夠如此地不完善，以致不能有比它更不完善的了。因此，沒有任何一個個體能夠達到種的界限」。❾同樣的道理也適用於種、類、宇宙。「宇宙不能達到絕對的大的界限，類也達不到宇宙的界限，種也達不到類的界限，個體也達不到種的界限」。❿種、類、宇宙都只有一個界限，它同時也是萬物的中心、圓周和結合，這就是上帝。萬物無論是上升還是下降趨向於中心，都是在接近上帝。因此，萬物無論如何彼此不同，都由於上帝而結合在一起。「萬物之所以能被聯結在一起，乃是因為在限定唯一宇宙的各個類之間存在著較低級的類和較高級的類這樣一種結合，以致它們能在中間物中重合。在不同的種之間，也存在著這樣一種聯結的層次，以致一個類的最高級的種能夠與相鄰的較高級的類的最低級的種重合。這樣，就形成了一個連續的、完善的宇宙」。⓫這種結合並不是由一個新的類，而是由一個過渡性的種來實現的。這個種的所有個體都程度不同地分有了相鄰兩個種的性質，但並不是雙方等量的複合體，在它身上，總有某個種的成分占優勢，從而使它更接近於那個種。因此，沒有一個種會下降到成為它所屬的那個類的極小的程度，因為在它成為這個類的極小之前，就已經轉化為另一個類的極大了；同樣，也沒有一個種能上升到成為它所

❾ 同❷，卷1，頁71。

❿ 同❷，卷1，頁71。

⓫ 同❷，卷1，頁71。

屬的類的極大的程度，因為在它成為這個類的極大之前，它就已經轉化為另一個類的極小了。這樣，在自然界的各個物種之間，也就不存在任何截然分明的、嚴格的界限，總可以找到許多把前後等級或物種聯繫起來的中間階段，從而表明二者的連續性。整個宇宙也就表現為這樣一個連續的整體。庫薩的這一思想是萊布尼茨的「自然界從來不飛躍」原理的先聲，它同時也為把物種的發展和進化的觀點引入自然界洞開了門戶。

二、地球在宇宙中的地位

從宇宙無限的思想出發，必然使庫薩得出一個結論：宇宙既沒有中心，也沒有圓周。「世界的中心和圓周是重合的，因此，世界沒有圓周。此外，如果它有一個中心，那麼，它也就會有一個圓周，就會在它自身之中包含著它的開端和終極，就會受到某種別的東西的限制，在世界之外就會存在著某種別的東西，例如空間。所有這些都與真理不符」。⓬此外，如果我們考慮到，所有的天體都在不同程度地運動著，就會明白：「世界機器不可能以這種可感的土或氣或火，或者任何其他東西作為固定的和不動的中心」。⓭就運動來說，所有的天體，包括地球、月亮、行星、太陽以及所有的恆星，都在做著圓周運動，雖然它們的軌跡是大小不等的圓周，但沒有一個能成為極大的或者極小的圓周，因而都不可能成為宇宙的周邊和中心。在宇宙中不存在固定不動的天極，因而也不存在與兩極距離相等的中心。針對傳統的托勒密地心說認為地球屬於世界的中心靜止不動

⓬　同❷，卷1，頁61。

⓭　同❷，卷1，頁61。

的觀點，庫薩特別指出：「地球不可能是中心，它不可能沒有一點運動」。❶人們之所以得出地球靜止不動的結論，乃是因為「我們只有對照某種靜止不動的東西才能認識運動」。❶如果一個人坐在順河而下的船上，他並不知道水的流動，也看不到河岸，那麼，他怎麼知道船是在運動呢？所以，無論一個人是處在地球上，還是處在太陽上，還是處在任何一個其他星球上，都會認為自己處在一個不動的中心上，而其他的一切都在運動。庫薩的這種思想不僅指出了地心說這種錯誤觀念立足於直觀和常識的認識論根源，而且也預言了運動的相對性這一現代觀念。由此出發，庫薩認為，宇宙的中心和圓周既在一切地方又不在任何地方，而這只能是上帝。只有上帝才能在一切地方又不在任何地方。「因此，永受祝福的上帝是世界的中心，他也是地球、一切天體和世界上的一切事物的中心，他同時也是一切事物的無限圓周」。❶除了上帝之外，任何東西都不可能是宇宙的中心和圓周。

庫薩還從任何有限事物都不可能達到極大這一原理出發，否認了古代人關於天體的球形和運動的圓形軌道的完美性觀念。在他看來，「地球並不像有些人所宣稱的那樣是球形的，因為世界的形狀在它的各個部分中都是限定的，對於運動來說也是如此」。❶因此，在這種意義上，地球是球形的，它的運動軌道是圓形的，但總是還可以更完善些。這個道理也同樣可以適用於其他天體。「雖然對我們來說顯得是另外一種樣子，但無論是太陽還是月亮，還是地球以及

---

❶　同❷，卷1，頁62。

❶　同❷，卷1，頁63。

❶　同❷，卷1，頁62。

❶　同❷，卷1，頁63。

其他天體，就其運動來說都不能劃出一個真正的圓，因為它們並不是在一個定點上運動的，不可能劃出一個真正的圓，以致不可能劃出一個更加真正的圓。同樣，一個天體在某一時刻的運動，也不會恰正等同於它在另一時刻的運動，或者劃出一個最真實的相等的圓，盡管我們看不到這一點」。❶ 天體的球形和運動的圓形軌道的完美性觀念是古希臘宇宙觀的一個代表性觀點，庫薩從有學問的無知出發對它的否定表明，和在其他問題上一樣，庫薩哲學已經不僅僅是古典哲學的「復興」，而是一個新哲學形態的開端。

庫薩的這種思想對教會納入自己思想體系的托勒密地心說的權威提出了挑戰。同時，它也預言了 100 年以後以哥白尼的日心說為代表的那場天文學革命。盡管庫薩的學說並不像哥白尼那樣建立在相對精確的觀測和計算的基礎之上，而是出自一個哲學家的思辨頭腦和對他人研究成果的利用，但這並不妨礙他做出了與哥白尼同樣正確的結論。甚至出自一個哲學家的獨具慧目，他在一些方面還超出了哥白尼。例如哥白尼還把太陽看作是宇宙靜止不動的中心，把靜止不動的恆星天層看作是宇宙的邊界；而庫薩則明確地斷言宇宙沒有中心和邊界，一切天體都處在永恆的運動中。庫薩的這種貢獻受到了他的研究者們的注意。布盧門貝格在談到庫薩的宇宙觀時寫道：「從歷史來看，僅僅由於尼古拉・庫薩的保守性要比哥白尼少得多，他就已經不只是這位弗龍堡人的先行者了。『非精確性』的原則毫不費力地使他超越了哥白尼在『現代』世界觀方向上達到的論斷（不要把這種說法同評價根本無法對比的天文學成就混為一談）。不僅地球被趕出世界的中心，而且中心自身的觀念也被揚棄，轉移到了形而上學之中。從庫薩的角度來看，日心說的世界觀並不

---

❶　同❷，卷1，頁62。

比地心說的世界觀更正確，這才是真正『現代』的觀點。……早在刻卜勒費力地擺脫了行星圓形軌道的形而上學限制之前很久，天體的球狀形式和圓形軌道的完美性就隨著有限者的『非精確性』而被取消了」。**⑲** 而在布盧門貝格看來更為值得重視的是，庫薩清楚地知道自己的理論有什麼後果。「庫薩的形而上學屬於決定著後來兩個世紀的那場天文學騷動的根源。但是，在這方面它只是許多因素中的一個，而且不是最重要的因素。更本質性的東西在於，庫薩也許是他那個世紀唯一預感到或者知道不言而喻的和毫無疑問的東西的這種鬆動意味著什麼的思想家，而這種鬆動也正是他自己參與造成的」。**⑳** 布盧門貝格的這種評價是令人信服的。

在中世紀的宇宙觀中，有一個奇怪的二律背反：一方面，地球是宇宙的中心，一切天體都圍繞地球運轉，人應該為自己的這一家園感到自豪，居住在地球上的人類同時也是上帝創造世界的中心；另一方面，地球又被看作是最卑下和最低級的行星，天體的高貴程度恰恰和與地球的距離成正比。庫薩對前一種論斷的駁斥已如前述。但他也同樣不遺餘力地批駁了後一種論斷。

庫薩認為，不能因為地球的球狀形式和它運動的圓形軌道可以更完善些，就說地球是最卑下的和最低級的，因為就完善性、運動和形體來說，世界上不存在極大和極小，任何東西都存在著更完善一些的可能性，盡管地球看起來相當接近宇宙的中心，但出自同樣的理由也可以說它相當接近天極。類似的論證前面已經談過，這裡就不贅述了。

顏色的黑暗也不是地球卑下的證據。因為如果有人住在太陽

---

⑲　N. Cusanus：《猜測的藝術》，編譯者導言，頁19。

⑳　同**⑲**，編譯者導言，頁10。

上，他也會看不到我們所看到的那種亮光。地球、太陽和其他天體一樣，都有一個土元素構成的核心，一個火元素構成的發光的外圍，在這之間是水和氣。如果有人在地球的火的區域之外看地球，地球就會和太陽同樣明亮。月亮之所以看起來不那麼亮，乃是因為我們似乎是處在它的水質區域內，因而看不到它自身的光，而只能看到它所折射的太陽光。因此，地球也是一個高貴的天體，它有著與其他天體不同的光、熱和影響。

同樣，也不能因為地球比太陽小並受到太陽的影響，就說地球卑下。因為地球的整個範圍一直延伸到它的火質外圍，這個範圍是很大的。盡管我們從日月蝕中得知地球比太陽小，但我們還是不知道太陽的範圍究竟比地球的範圍大多少或者小多少。不過，二者不可能完全相等，因為沒有一個星球能等於另一個星球。此外，即使太陽比地球大，地球也不是最小的星球，因為從月蝕可知地球比月亮大，而且據一些人認為，它也比水星及其他一些星球大。因此，大小不能說明地位的卑下。至於說到影響，則影響是相互的。正像太陽和其他星球對地球有影響一樣，地球也同樣對太陽、月亮和其他星球有影響，只不過我們還沒有認識到這種影響罷了。任何星球都不能離開其他星球而單獨存在，因此，接受影響這一點，也不能說明地球的地位卑下。

地球誠然是人、動物和植物的居住地，但不能因為他們相對於太陽和其他星球的居民來說地位低下，就說地球地位卑下。雖然在任何天體上居住的生命都是來自上帝的，在宇宙中也不可能只有地球上才有生物居住，但就理性生物而言，不可能有比居住在這個地球上、以這個地球的範圍為家園的理性生物更高貴、更完善的了，盡管在其他天體上也可能有其他種類的居民。因此，人並不嚮往獲

得另一種本性，而僅僅嚮往完善自己的本性，更何況，無論其他星球上的居民屬於什麼類，無論他們居住的星球與地球處於什麼關係之中，以致他們和我們這個地球的居民有著某種尚不為我們所知的關係，我們還是不能把他們與地球的居民進行比較，因為我們對他們是一無所知的。我們只能猜測，在太陽、月亮乃至其他星球上都有各自不同的居民，但我們缺乏把他們與這個地球上的居民進行比較的能力。

我們所看到地球上的事物的朽壞，也不能說明地球的卑下。因為我們並不知道，某種東西是完全會朽壞的，還是僅僅就某種存在方式來說會朽壞的。死亡無非是複合物分解成它的各個部分，當限定在某個個體中的各種影響分解時，這個個體的這一種存在方式就消失了。但誰能說這樣的分解只發生在地球上呢？據說地球上的物種和星球一樣多，如果地球以這樣的方式把其他星球的影響限定為個別的物種，為什麼同樣的事情不發生在同樣接受外在影響的其他星球上呢？誰能知道，事先限定為一個複合體的所有影響是否會重新分解，以致從它們產生的某個個體又復歸它的起源呢？或者形式復歸它的原型，質料復歸純粹的可能性呢？誰能知道，每個天體上的形式是否會在一個較高的形式中，例如在理性形式中停留下來，從而達到宇宙的終極目的呢？而且，這一目的是如何在上帝之中達到，較高級的形式如何上升到周邊而達到上帝，軀體如何下降到中心而達到上帝，以致在上帝之中二者重新結合起來，都是我們不得而知的。但沒有人能夠懷疑，上帝為他自己創造了萬物，他也不願意在他創造的事物中有任何一個消滅。

通過以上批駁，庫薩旨在說明，我們所居住的地球和太陽乃至一切星球一樣，是無限多的天體中的一員，在它們之間，不存在高

低尊卑的區別。從庫薩的論述中不難看出，他所使用的論據有許多
在今天的我們看來是幼稚可笑的，其中亦不乏思想家的天真猜測、
哲學家的先驗思辨和神學家的虔誠信仰，但也同樣隱含著天體間相
互影響、物種進化，乃至物質不滅等天才思想的閃光，即使這些閃
光還是相當微弱的。不過，如果我們不糾纏於庫薩的一些具體論述，
就會看到，庫薩反對把地球看作是最低級、最卑下的東西，這與他
的哲學思想是一致的。在人類思想發展史上也是有貢獻的。在談到
近代天文學革命的時候，布盧門貝格指出，把從地球上的進程中得
出的機械原理應用到天體運動上去，這是伽利略(G. Galilei)完成的
一次革命。但伽利略並沒有論證這種大膽作法的可能性。「在為突破
人類知識領域在中世紀形成的狹谷所邁出的這最大一步的前史中，
庫薩的『猜測的藝術』占有決定性的地位。伽利略曾自誇把地球從
宇宙的渣滓提高為星辰，但是，早在《論有學問的無知》第二卷第
十二章中，庫薩就已經這樣把地球提高為星辰了，而且是在意識到
這些結論對人的自我理解的影響的情況下這樣做的。而在伽利略那
裡，這種意識並沒有同樣的表現」。**㉑**也許，這就是一個哲學家和一
個科學家的差異之所在。

　　庫薩的這些思想和基督教會當時所奉行的學說無疑是矛盾的，
有的學者猜測，庫薩的《論世界的形狀》一著之所以遺失，與此可
能不無關係。**㉒**但盡管如此，與正統觀點的這種衝突並沒有給他帶
來100多年後意大利哲學家布魯諾的那種厄運。其實，布魯諾的哲
學在很大程度上只不過是對庫薩哲學原則的繼承和發展。奇怪的是，
西方許多學者都注意到庫薩的宇宙觀和哥白尼的天文學革命的關

㉑　同**⑲**，編譯者導言，頁21～22。

㉒　參見E. Meffert：《尼古拉・庫薩：他的生平和精神學說》，頁26。

係，但卻很少有人談到庫薩的宇宙觀和布魯諾的宇宙觀的關係，尤其是對二人命運的巨大差異更是諱莫如深。從歷史看來，造成這種差異的根本原因可能有以下幾個：首先，布魯諾在他的哲學觀點尚未完全形成的青年時期就已經成為基督教會的叛逆，他一生的大部分時間是在與教會的鬥爭中度過的；而庫薩卻是羅馬教廷的功臣，是歷代教皇的紅人，尤其是教皇庇護二世的密友，他的一生都是為教會的利益服務的。其次，布魯諾的哲學形成於哥白尼天文學革命之後，這就使他有可能與科學聯盟，利用大量的科學成果明確宣布自己代表了真理；而庫薩的哲學在很大的程度上是思辨的猜測，對此庫薩本人也不諱言，更何況哥白尼天文學革命的衝擊和路德、加爾文等人領導的宗教改革也使羅馬教會更加頑固地堅守傳統的教義。最後，可能也是最重要的一點，布魯諾公然地宣稱泛神論，而庫薩卻仍在上帝和宇宙之間劃出一道鴻溝；布魯諾的泛神論是使上帝自然化，而庫薩的泛神論卻是使自然神化。在批駁正統觀點的同時，庫薩始終不忘用正統的語言頌揚至高的上帝，千方百計地把自己的觀點同基督教的信仰調和起來。布魯諾自己在一次講演中對庫薩的頌揚充分說明了他與庫薩的區別:「哪裡有能與那個庫斯人媲美的人物呢？他越是偉大，就越是不被人所理解。倘若不是祭披有時遮掩了他的天才，我就會承認，他並不與畢達戈拉斯相同，而是比畢達戈拉斯偉大的多」。㉓ 顯然，在布魯諾看來，庫薩的虔誠信仰掩蓋了他的哲學思想的鋒芒。不過，庫薩的這種作法卻受到了那些與基督教保持著千絲萬縷的聯繫的思想家的讚揚。雅斯貝爾斯就寫道:「庫薩是一個證人:把地球從世界的中心趕出去，絕不會動搖基督教的信仰。它出自在與基督教的信仰保持一致的情況下，對被創造

㉓　轉引自K. Jaspers:《尼古拉・庫薩》，頁227。

世界的觀念所進行的一種變革」。❷當然，雅斯貝爾斯也知道，維護基督教的信仰並不是庫薩哲學的實質，因此他接著又寫道：「庫薩通過他虔誠的思維的事實使我們認識到，把地球從中心趕出去（以中心不在任何地方又在一切地方的思想形式）對在存在的整體中意識自己的人的地位是無所謂的。早在哥白尼的天文學觀念產生之前，庫薩就已經徹底得多地對中心提出了疑問（哥白尼還把太陽不僅看作是行星系統的中心，而且還看作是宇宙的中心）。但是，庫薩同時也看到了人所獨有的偉大，而不像尼采(F. Nietzsche)所認為的那樣，人由於宇宙觀念的這種變革而被貶低了」。❷不過，雅斯貝爾斯應該再補充一句：庫薩雖然把地球趕出了宇宙的中心，但他並沒有借此貶低地球，而是與貶低地球的觀念進行了堅決的鬥爭。同時，庫薩高揚人的地位也是有雙重涵義的，它既是對基督教人類中心說的維護，同時也體現了他那個時代已經蓬蓬勃勃開展起來的人文主義運動的精神。關於這一點，我們將在後面第九至十一章中再詳加論證。

---

❷ 同❷，頁130。

❷ 同❷，頁130。尼采認為，自從哥白尼把地球從世界的中心趕出去，人就像跌在了一個斜坡上，越來越快地退出了中心。弗洛依德(S. Freud)也持有類似的觀點，他把自己的學說稱作是現代史上第三次，也是最嚴重的一次對人的自尊心的打擊。據他說，第一次是日心說，哥白尼以此打擊了人和人所居住的地球是宇宙的中心的自豪感；第二次是進化論，達爾文(Ch. Darwin)以此剝奪了人是亞當、夏娃後裔的自豪感。而弗洛伊德自己的精神分析學則宣稱，人的心理過程主要是"無意識"的，"性本能"是人的精神活動的核心。弗洛伊德認為，精神分析學的這兩大基本發現剝奪了人在理性和道德上的自豪感，是對人的自尊心的一次最嚴重的打擊，"足以觸怒全人類"。

第八章 有學問的無知與近代科學的關係

　　有學問的無知是庫薩用來建立自己整個哲學體系的原則。在以前各章中，我們已經結合庫薩關於上帝和宇宙的論述分析了這一原則的內容。不過，有學問的無知並不僅僅在於說明人是如何達到真理的，它同時也在於說明人應該如何達到真理。也就是說，有學問的無知不僅僅具有本體論和認識論的意義，它同時也具有科學方法論的意義。

　　庫薩關於認識是有學問的無知或者猜測的思想徹底否認人的任何實際的認識具有絕對精確性，但這並不意味著主張人們應該放棄認識。相反，他認為，由於有學問的無知是逼近絕對真理的無限過程，因此，我們有可能也有必要不斷地改進我們的認識，使它進一步精確化。而改進認識的途徑也只能是面向自然，在量上對事物進行盡可能精確的經驗考察。在這種考察中，試驗起著重要的作用。這是有學問的無知的必然結論，也是庫薩的哲學和宗教神祕主義的區別所在。施泰內爾(R. Steiner)認為：「如果把庫薩與像艾克哈特或者陶勒這樣的思想家加以比較，就會得出一個重要的結論：庫薩是科學的思想家，他要從對世間事物的研究出發上升到一種更高的直

觀的層次；而艾克哈特和陶勒則是虔誠的信徒，他們從信仰的內容
出發尋求更高的生活。最終，庫薩達到了與艾克哈特大師同樣的內在
生活，但庫薩的內在生活是以豐富的知識為內容的」。❶卡西勒進一
步指出：「在科學上深入到事物的經驗特性之中，這同時也是正確
地認識神聖事物的道路。就認為有限者和無限者是同樣必要的因素、
二者互為條件、互相要求這種思想來說，庫薩與德國神祕主義是接
近的。但是，當神祕主義把上帝啟示的過程轉移到個人心中時，庫
薩的目光卻對準了外部自然界及其規律性」。❷庫薩的思想清晰地反
映和代表了近代自然科學從中世紀經院哲學的桎梏中掙脫出來的精
神。

一、非精確性的科學方法論意義

在自然科學的歷史上，由伽利略等人肇始，在18至19世紀完成
的經典自然科學與以前的自然科學的重要區別之一，就是近代的自
然科學家已經不再滿足於用「原因」、「本原」等質的規定性來解釋
世界，而是執著地追求在量上更為精確地把握世界中的各種過程，
由此促成了自然科學在近代歐洲的空前繁榮。伽利略、牛頓(I.
Newton)等偉大的自然科學家都要求在方法上僅僅注意自然界可以
通過測量來把握的特徵，排除其他因素的干擾。例如伽利略就認為，
不用數學的幫助來解決自然科學的問題，是件行不通的事情。必須
測量一切可以測量的東西，並且使不可測量的東西變得可以測量。

---

❶ R. Steiner：《近代精神生活開端時期的神祕主義及其與現代世界觀的關係》，Frankfurt 1985，頁77。

❷ E. Cassirer：《近代哲學與科學中的認識問題》，卷1，頁24。

這些自然科學家普遍認為，自然界本身就有一種符合數學規律的結構，正是這種結構使人類的理解力在付出了極大的努力之後，可以探尋出一點自然的祕密。

注重把握事物量的規定性促進了近代自然科學的空前繁榮，這是毋庸置疑的。但是，這裡還存在著一個問題：世界上普遍存在著數量關係，這是一個古老的哲學命題。自從畢達戈拉斯明確地表達了這一命題之後，沒有一個人——包括中世紀的自然研究者——對此提出過懷疑。然而，在近代自然科學產生之前，卻從未有人在自然研究的實踐中得出後來幫助近代自然科學家認識自然世界的那種結論，即力圖現實地探索這些表現在數量、重量、度量中的比例關係。聯繫到自然哲學在14世紀的發展，這種情況就更加令人難以理解。因為和稍晚些時候相比，當時人們所擁有的測量手段可以在同樣的精確程度上測量自然世界中的數量關係。但為什麼人們卻始終停留在現代科學的門檻之外呢？關於這種情況，德國學者齊默爾曼(A.Zimmermann)的解釋很有道理。他認為：「對此只有一個簡單的解釋，此外，這個解釋也特別清楚地說明了尼古拉・庫薩的重要意義，即當時人們還沒有擺脫對測量實踐在原則上的不信任，而且這是因為人們相信完全精確的測量是根本不可能的。因此，人們認為無論如何也不能真正地發現在自然界中存在的數學規律性。數學根本不能容忍任何不精確性。由於在從量上把握自然界時數學所要求的那種精確性根本沒有被看作是可能的，所以中世紀晚期的自然研究者也完全放棄了這種嘗試」。❸ 例如，中世紀晚期著名的自然研究者、唯名論者布里丹(J. Buridan)就認為，我們沒有能力完全精確地、

❸ A. Zimmermann：〈作為自然研究目標的有學問的無知〉，K. Jacobi編：《尼古拉・庫薩哲學思想導論》，頁126。

一點不差地，即按照數學的考察方式測量運動。按照齊默爾曼的這種看法，14世紀的自然哲學家之所以不能把精確的測量引入自然研究，就是因為他們不能放棄對精確性的要求，而只有這種放棄才使近代建立在精確測量之上的自然科學成為可能，庫薩的功績恰恰在於說明了這種放棄的理由和必要性。因此，齊默爾曼接著說道：「如果研究一下尼古拉・庫薩的一些基本思想，就會認識到，正是這些思想能夠──盡管不是必然──把自然哲學和自然研究引出它們所陷入的死胡同。在這方面，有學問的無知這一著名學說無疑起了決定性的作用。……尼古拉・庫薩肯定不是第一個如此堅決地強調洞察人的知識局限性和有限性的思想家，但他是少數不僅從中得出涉及個人生活的結論，而且把這種洞見用作一個行之有效的科學研究綱領的思想家之一，尤其是在我們所考察的這個哲學時期，他肯定是第一位」。❹

顯然，這是一種辯證的關係。中世紀的自然研究者要求認識具有精確性，其結果是由於把這種精確性絕對化而放棄了對自然世界的精確認識。庫薩承認一切認識都具有非精確性，其結果是促進了近代精確自然科學的產生。庫薩的有學問的無知初看起來是消極的，是為認識設定了一個不可逾越的界限，但它的實質精神和現實結果卻是積極的，是為認識展開了一個廣闊無限的前景。只有理解了這一點，才會使我們在理解庫薩的哲學時不致走入歧途。

二、讀上帝親手寫的書

既然任何階段的認識都是有學問的無知或者猜測，都不具有絕

---

❹ 同❸，頁126～127。

對的精確性，都有改進的可能性和必要性，而這種改進又只能通過對現實世界的新認識來實現，因此，走出書齋，到現實生活中去，讀大自然這本書，就成為庫薩哲學的一個必然結論。

在《論智慧》一書中，庫薩曾為該書寫下了一個精彩的開場白。一位貧窮的平信徒在羅馬市場上遇到了一位富有的演說家，於是就有了以下的對話：

平信徒：我對你的傲慢感到驚奇。你被無休無止的閱讀搞得精疲力盡，讀盡了無數的書，但這卻沒有使你謙虛起來。這肯定是由於你自以為比別人更有知識。但真正的知識卻使人謙虛。我希望你謙虛起來，這是快樂的源泉。

演說家：你可真夠狂妄的，你竟如此貶低對學問的追求。

平信徒：不是狂妄，而是愛使我不能保持沈默。因為我發現你孜孜不倦地尋求智慧，但卻總是勞而無功。

演說家：如果不在智者們的書中，那麼到哪兒去尋求智慧呢？

平信徒：我並不是說智者們的書中沒有智慧，而是說智慧在他們的書中已經不是原來的樣子了。我告訴你，智慧就在外面的大街上呼叫。

演說家：我聽說，你雖然是個平信徒卻自以為有學問。

平信徒：也許這就是你與我的差別。你盡管沒有學問卻自以為有學問，因而你是傲慢的。我確實承認自己是平信徒，因而是謙虛的。就這方面來說我更有學問。

演說家：你是怎麼認識到自己的無知的？

平信徒：不是從你們的書中，而是從上帝的書中，從上帝親

　　　　　　　　手寫的書中。

演說家：到哪裡去找這樣的書？

平信徒：到處都可以找到，例如在這個市場上。告訴我，你
　　　　在這裡看到了什麼？

演說家：我看到有人在數錢，有人在稱商品，有人在量油和
　　　　其他東西。

平信徒：這就是使人與動物區別開來的那些精神能力的活動。
　　　　而動物作為無理性的創造物是不能計數、測量和度
　　　　量的。❺

　　我之所以不惜篇幅地引用這段（經過我壓縮的）對話，乃是因
為它除了再次強調了庫薩關於有學問的無知的辯證思想之外，還相
當集中地表達了庫薩重視現實世界、重視實踐活動、重視實際經驗
的思想。在庫薩於同一年完成的三部對話體著作《平信徒論智慧》、
《平信徒論精神》、《平信徒論天平試驗》中，除了在《論精神》中
增加了一位哲學家之外，對話的雙方都是演說家和平信徒。演說家
顯然是一位飽讀經書的經院學者的形象，他對中世紀的各個學科的
知識都顯得很熟悉，小心翼翼地援引古人和權威來證實和解釋自己
的觀點，但同時又「不恥下問」，並且在討論中勇於承認不同於自己
觀點的正確意見。平信徒則是一位學術業餘愛好者的形象，他沒有
受過正規的學院教育，也不以學術研究為職業，沒有什麼頭銜。但
這並不意味著他對學術一竅不通。從對話來看，他顯然也讀過一些
書，並經常援引書中的知識來佐證自己的觀點。但更重要的是，這
位平信徒求知欲強、勤於思考，並且勇於提出自己的獨到見解。他

❺　N. Cusanus：〈論智慧〉，《尼古拉 · 庫薩著作集》，卷1，頁216～217。

的許多思想都是在實際生活中通過大量的觀察、積累材料，然後上升到理論高度形成的。《論試驗》的德文譯者門采爾——羅格納(H. Menzel-Rogner)認為，這兩個形象各自都有鮮明的特徵，但庫薩在每一瞬間都同時是談話的雙方。他既是傳統的學者，又是重視實際問題的革新家。「這兩個人物代表了兩個世界，他們的外在對立在很大程度上是這個在他那個時代最博學的德國人的人格所包含並在自身感到的內在對立」。❻門采爾——羅格納的見解基本上是正確的。不過，庫薩並不是在同等的程度上體現為這兩個人物的，他在許多地方借助平信徒之口對學者提出了溫和而又不失深度的批評。此外，門采爾——羅格納不免只注意到了這兩個形象的外在對立，卻忽視了它們的內在諧和。學者的虛心求教、坦誠和融洽的對話氣氛、對話結束時所達到的意見一致，所有這些都說明，庫薩力圖通過這些對話為學術研究指出一條新的道路，即走出書齋，到實踐生活中去。

　　認為上帝把創造世界這部書寫了兩遍，一遍寫在《聖經》這部書中，另一遍寫在大自然這部書中，這是基督教的一個傳統的說法。它貫穿於整個中世紀哲學，反映著信仰與理性、權威與事實的關係。正統的基督教教義始終認為這兩者是一致的，而各種各樣的異端思想卻總是力圖把二者分開。中世紀晚期關於「雙重真理」的爭論就是一個突出的例證。庫薩對此的態度是鮮明的。他所說的「上帝親手寫的書」就是指現實的自然界，指人們的現實生活。他認為智者們的書中雖然包含了智慧，但已經不是原來的智慧，認為真正的智慧在上帝親手寫的書中。這不僅表明了他反對經院哲學的權威們自認為已經窮盡了真理的態度，要求知識必須從對現實世界的實際考察出發的觀點，而且也闡述了書本知識與實際知識、間接經驗與直

---

❻　N. Cusanus：《論試驗》，德譯者導言，Leipzig 1944，頁10。

接經驗之間的辯證關係。顯然，在庫薩看來，為了獲得知識，讀書是一個重要的途徑。但書中的知識只不過是前人對真理的相對把握，具有非精確性。因此，更為重要的是從實踐生活中獲取新的知識來補充和完善它們，只有這樣才能使知識不斷地逼近真理。有學問的無知最終使庫薩得出了面向實際、面向自然的結論，這正是庫薩和傳統哲學的區別之所在。讀大自然這部書，用自然之光取代啟示之光，這是文藝復興乃至近代一切進步哲學的共同口號，也是人文主義運動和啟蒙運動精神實質的體現。即使在今天，它依然以各種形式反映在我們的時代精神中。正是這種精神推動著近現代科學以驚人的速度向前發展。認識到這一點，我們不能不銘記庫薩這位思想先驅做出的貢獻。

三、對世界進行量的考察

要從外部的現實世界獲取新的知識，要使我們的知識進一步精確化，其前提條件之一就是不再像傳統哲學那樣滿足於僅僅用抽象的概念來說明世界的認識模式，而是採取對具體事物進行具體分析、在量上精確地把握事物的態度。

認為客觀世界中普遍存在著一種符合數學規律的結構，這是庫薩的一貫思想。他認為：「上帝在創造世界時使用了算術、幾何學、音樂和天文學，這些是我們在研究事物、元素和運動的比例關係時也要使用的藝術」。❼顯然，在這幾門學科中，都涉及到事物的量的規定性。「上帝把各種元素置於一種令人驚異的秩序之中，他按照數量、重量和度量來創造一切事物。數量和算術有關，重量和音樂有

---

❼　N. Cusanus:〈論有學問的無知〉,《尼古拉・庫薩著作集》, 卷1, 頁67。

關，度量則和幾何學有關」。❽庫薩在這裡的真實意義在於強調，數量關係普遍地存在於整個世界之中。這是從庫薩的形而上學中必然得出的結論。在庫薩看來，只有無限者才是絕對的極大，才超越了一切數量關係，任何東西都不能與無限者比較，在有限世界中是達不到絕對的極大的。這也就是說，有限世界中的一切都是可以用量來規定的，都是可以比較的。

由此出發，庫薩認為，事物中普遍存在的這種數量關係不僅為我們的認識提供了可能性，而且也規定了認識這種數量關係的必要性。換句話說，不認識事物的數量關係就不能認識事物，事物的量的規定性是一切認識的前提條件。「凡是不能歸入多少或者大小的東西，人們既不能理解它們也不能想像它們」。❾由於我們的一切認識都依賴於對事物的多少、大小進行比較，而多少、大小又都必須通過數來規定，因此，數也就構成了認識本身的方式，構成了一切概念的原型。

庫薩繼續用形而上學的語言說明了在量上考察事物的可能性和必要性。在他看來，存在有兩種數：一種是上帝的精神中的數，它是上帝創造事物的原型。庫薩認為，畢達戈拉斯學派所說的就是這種數。但他接著又指出：「數無非就是被數的事物。由此你就可以看出，在上帝的精神和事物之間並沒有一種數作為中間物。相反，事物的數就是事物自身」。❿因此，庫薩所說的上帝的數不過是事物自身所包含的客觀數量關係而已。另一種則是我們精神中的數，它是上帝的數的摹本，是我們的知性通過摹寫上帝的數而創造的東西。

---

❽　同❼，卷1，頁68。

❾　N. Cusanus：《論能一是；論觀察的頂峰》，Leipzig 1947，頁32。

❿　N. Cusanus：〈論精神〉，《尼古拉・庫薩著作集》，卷1，頁252。

用我們今天的話來說，它是我們人類的精神從客觀存在於事物之中的數量關係抽象概括出來的認識。庫薩認為，這後一種數是我們精神的概念的原型。也就是說，就像是上帝按照數量關係來創造現實世界的一樣，我們的精神也是按照數量關係來創造概念世界的。因為沒有數，精神就什麼也不能做。它既不能測量，也不能區分、比較，因而既不能摹寫，也不能形成概念。因此，必須把對事物的量的規定性的認識置於研究的首位。

在近代自然科學空前繁榮的前夕，庫薩大聲疾呼重視在量上考察世界，其意義是不證自明的。它是人類從抽象地在宏觀上把握世界過渡到具體地在微觀上把握世界的一個必不可少的步驟，也是近代哲學區別於古代哲學的一個突出的特徵。卡西勒準確地看到了庫薩哲學中所體現出的這種趨勢。他指出：「庫薩的哲學向前發展得越遠，在堅持神的存在不可混淆的純潔性之外，就越清晰地表現出一種傾向，即按照事物的獨特價值來理解個別的存在物，並根據其有限的特殊性來對它做出論斷。由於這一特徵，庫薩的學說成為文藝復興哲學的起源和楷模」。❶庫薩的哲學為近代自然科學更為精確地研究自然界中的過程鋪平了道路。

四、試驗的結果更接近真理

在量上考察外部自然世界並不僅僅是消極的考察，而且還是主動的探索，是通過試驗有目的地運用特殊的儀器和精心編製的程序來迫使自然呈現出自己的奧祕，這是庫薩哲學的又一重要思想。在這裡，庫薩更多注意的是借助於天平測量事物的重量所做的試驗，他甚

---

❶　同❷，卷1，頁23。

至專門為此寫了一部著作，即《平信徒論天平試驗》。門采爾——羅格納在為該著撰寫的導言中說道：「與他的大部分其他著作相反，尼古拉・庫薩在《論試驗》中幾乎沒有超出從人出發可以得到解釋的認識能力和經驗世界」。[12] 也可以說，這是庫薩唯一一部純世俗的哲學著作。它的指導思想就在於，應當在技術上找到測重的方法。凡是可以測重的東西，都應該直接或間接地測重，並且在大量積累資料的基礎上建立一個內容豐富的重量表，以便對事物的重量及其變化進行比較，並由此出發探索那些隱祕的東西。庫薩指出：「在這個世界上，盡管沒有任何東西達到精確性，但我們還是知道天平的評判更加真實。這一點適用於一切事物。因為起源不同的各種事物不僅大小相同，而且重量也相同，這是不可能的」。[13] 因此，事物在性質上的差異必然通過它們在重量上的差異表現出來。庫薩相信：「通過重量的差異可以更可靠地發現事物的奧祕，並且借助更為逼真的猜測知道許多東西」。[14]

　　從這一基本思想出發，庫薩提出了一系列通過測重研究事物性質的試驗。嚴格地說，他在這裡還僅僅停留在建議應該如何進行試驗的水平上，因為他僅僅描述了為達到一定目的而採用的測重方法和程序。庫薩從未談到過任何實際上獲得的結果，由此可以推測，也許他從未進行過任何一個他所描述和建議的試驗。但是，在這些建議中無疑包含著許多天才的思想。其中從測重的角度出發，幾乎涉及到他那個時代的所有自然科學學科。可以毫不誇張地說，這部著作從一個側面反映了西歐自然研究在 15 世紀上半葉的發展水平。

---

[12]　同[6]，頁4。

[13]　N. Cusanus：〈論試驗〉，《尼古拉・庫薩著作集》，卷1，頁277。

[14]　同[13]，卷1，頁278。

這一切表明，庫薩不僅非常熟悉他那個時代自然科學的發展狀況，而且對許多問題都作了認真的思考，得出了獨到的見解。

也許，隨意揀取幾個庫薩所建議的試驗，將會有助於我們理解他的思想。

根據同等體積的水的不同重量來判定各種水的不同性質，同理，根據血液和尿液的不同重量可以診斷和治療疾病。

根據漏壺在脈搏跳動和呼吸100次的時間內流出的水量的不同，可以判定脈搏和呼吸的情況，從而更有效地診斷和治療疾病。

根據各種金屬的不同重量，以及同一金屬在空氣、水、油和其他液體中的不同重量，來鑒別金屬的成分，識別真偽。

在天平的一端放上鐵，另一端放上同等重量的其他物體，置磁石於鐵的上方保持不動，由此測出磁石的吸引力。

在燃燒之後測出灰燼的重量，由此得知木頭的含水量。

從花盆中陸續摘取一定重量的植物莖葉，根據盆中土的重量的變化，得知植物分別從土和水中所獲得的營養。

根據棉花的重量變化，可測出空氣的濕度，從而相當準確地預報天氣的變化。

使兩塊重量相同而形狀各異的鉛塊從同樣的高度落下，根據所需時間的不同，可以研究空氣的重量。

分別在圓柱形容器和相應邊長的正方體容器中裝滿水，根據水的重量的不同，就可以測出圓與多邊形的比例關係。同樣的道理也適用於其他幾何形體之間的比較。

重量對於音樂尤其重要。各種質料重量的不同決定著樂器的諧音。這一道理甚至適用於一切事物的和諧程度。因此，通過研究重量，不僅可以判定一個樂器的諧音，而且可以研究人的好惡、性格、

健康乃至聰明程度。

從庫薩所建議的試驗可以看出，他總的來說還停留在那個時代的認識水平上。雖然他的一些想法不乏天才的閃光，但大多數還是幼稚的、缺乏具體數據和中間環節的，甚至可以說只是一種奇想。但是，這裡令人感興趣的，是到處都滲透著精確地在量上研究自然的精神。既然一切科學研究都可以用測重的方法進行，那麼，它當然也可以用測量事物其他方面的數量關係的方法進行。這樣，對具體事物的具體認識也就成為量上的比較。事物由於是可以測量的，因而也就是可以規定的。由此出發，通往真理的道路也就開始於最簡單的思維活動，即計數、度量、測量。

尤其難能可貴的是庫薩在這裡表現出的科學試驗思想和對科學試驗的重視。在庫薩這裡，科學研究已經不是消極被動地觀察自然，而是通過深思熟慮地設計出的試驗，主動地迫使自然表現出它的隱祕的性質。庫薩的試驗不僅具有明確的目的，精心設計的程序，而且還有特殊的手段和儀器。庫薩在多處明確地指出，用天平測出的重量要比顏色和氣味更為真實地反映事物的特性。這也就是說，顏色和氣味是不可靠的、主觀的，因為它們建立在感官的基礎上。由此可見，庫薩在理論上已經得出了近代自然科學摒棄主觀認識手段、主張嚴格限制試驗的前提條件的結論。此外，庫薩的科學試驗的目的已經不是認識個別的自然現象，而是試圖在大量試驗的基礎上積累豐富的材料，為科學的認識和總結提供一個相對完備的基礎。例如他關於不同物質以及同一物質在不同情況下重量必然不同的思想就是這樣。庫薩曾多次呼籲編製出這樣一個重量表，認為它要比許多書都更有價值。這種思想已經非常接近於近代自然科學關於比重的學說。不過，由於庫薩始終未能找到一種物質的重量（例如水

的重量）作為比重的基本單位，最終還是功虧一簣。此外，正如雅斯貝爾斯所指出的那樣，庫薩為現代自然科學指明了一條成功的道路，但他自己卻沒有走上這條路。這是因為在他那裡還缺少一種對近現代自然科學來說本質性的東西，即在與觀察的相互作用中發展數學理論。庫薩雖然研究了大量的數學問題，但卻從未想到過把數學引入到科學試驗中去，這就導致他的科學試驗都停留在抽象的原則上，缺乏具體的數據，這和他從未親自從事一項科學試驗是互為因果的。但盡管如此，庫薩仍然大大地超過了中世紀的自然哲學的舊模式，這一點是不容置疑的。

庫薩關於認識是有學問的無知或者猜測的思想促進了近代自然科學的產生和發展，這也得到了西方學者的一致承認。布盧門貝格指出：「非精確性是一個形而上學的公理，它建立在有限與無限之間的差異之上。但是，非精確性要求經驗。由於這一公理，一個越過中世紀可以回溯到古代的時代，即把人的視力看作是『多餘』的時代，也就結束了。即使庫薩還不屬於把重新觀察事物看作是必要的那種人，即使平信徒用天平所做的試驗是很可能從未實施過的純粹思想試驗，但是，這一步雖然很小，卻是必須邁出的。為了能夠知道自然的某些東西而觀察自然的必要性已經包含在非精確性的思想之中。純樸的平信徒指示死啃書本的學者研究羅馬市場上現實世界的過程，他是想借此說明，人的眼睛不僅僅是為讀亞里士多德的書而創造的。在亞里士多德的書中，並沒有包含著人們所能夠知道的一切。這就是庫薩哲學的奇妙的悖論：純粹的思辨，即『猜測的藝術』，直接通向經驗的態度」。❺齊默爾曼也認為：「對書本知識的嚴厲批判，要求在量上考察世界，並且懷著事物的特性是以可度

---

❺　N. Cusanus：《猜測的藝術》，編譯者導言，頁19～20。

量的和可數的形式表現出來的這種信念來論證上述要求，所有這些
都使人感受到經典自然科學的那種精神。這種經典自然科學是我們
在伽利略、牛頓、惠更斯(Chr. Huygens)和其他科學家那裡看到的，
它的結果在短短幾百年中要比在這之前數千年中許多偉大學者的工
作都更為深刻地改變了世界。作為一個神學家、哲學家、數學家、
政治家和羅馬教會的樞機主教，尼古拉‧庫薩在自己的著作中主張
對自然界採取這種態度，並且堅決地維護這種態度。人們不得不承
認，庫薩由此而對經典自然科學的產生和發展具有重要的意義」。[16]
其實，如果從庫薩哲學的總體來考慮問題，受惠的又何止經典自然
科學。例如，19世紀末20世紀初的物理學革命不正是以破除經典物
理學自以為已經接近完成物理理論、今後只需要在細節上作些補充
和完善的封閉觀念開始的嗎？現代自然科學的許多代表人物，例如
普朗克(M. Planck)和愛因斯坦(A. Einstein)，不也是把人對世界秩序
的本質的認識稱作「猜測」嗎？現代西方科學哲學的一些代表作，
不也依然用「猜測」來命名嗎？

　　在有學問的無知的學說中，還蘊含著另一個重要的思想，即由
於認識在任何階段上都只能相對地把握真理，因此，任何事物在某
一階段上也都只能相對地表現出自己的本質，或者說，事物本質的
表現依賴於認識的發展水平。這樣一來，研究人和人的認識能力，
也就成為認識上帝和宇宙的一個前提條件。人和人的精神必然上升
為哲學的最高原則和最高主題。事實上，也正是在庫薩關於人和人
的精神的學說中，更強烈地體現著他那個時代的精神。這是我們馬
上就會看到的。

---

[16]　同[3]。

第九章　耶穌 — 既絕對又限定的極大

　　我們的出發點又回到了《論有學問的無知》第一卷第二章中的綱領性說明。在那裡，庫薩將第三種極大規定為：「由於宇宙只能以限定的方式存在於多中，所以，我們在眾多的事物中探討唯一的極大。宇宙以最高、最完善的方式現實地存在於這個極大中，也就是存在於它的目的中。這樣一個極大作為最完善的目的超越了我們的一切理解力，所以，我想對這個同時是限定的和絕對的、經常被我們稱作永受祝福的耶穌的極大，按照耶穌本身的感召做一些說明」。❶

　　對「同時是限定的和絕對的極大」的研究，也就構成了《論有學問的無知》第三卷的內容。在該卷結尾，庫薩寫道：「現在，我終於從同一基礎出發不斷前進，完成了關於永受祝福的耶穌的第三卷。借助於信仰的增長，我不斷地增強了對主耶穌的認識和熱愛」。❷顯然，庫薩所說的「同一基礎」指的就是他的「有學問的無知」，而對耶穌的認識和熱愛，則是有學問的無知的最終結果，它的增強是借助信仰的增長實現的。在《論有學問的無知》的第三卷中，庫薩用大量的篇幅論證了基督教的傳統教義，例如耶穌由聖靈

---

❶　N. Cusanus：〈論有學問的無知〉，《尼古拉・庫薩著作集》，卷1，頁4。

❷　同❶，卷1，頁100。

感孕童貞女而降生、耶穌受難及復活、末日審判等，並且明確宣布：
「我們所有的前輩都一致宣稱，信仰是理性的基礎。在一切學科中，
都必須以某些東西為只能通過信仰來把握的第一原理，從它們出發
引出對推導出來的原理的認識。所有想獲得知識的人都必須相信這
些沒有它們就不能獲得知識的原理。……因此，信仰在自身之中包
容了一切可理解的東西。另一方面，理性又是信仰的包容。理性受
信仰支配，信仰由理性展開。哪裡沒有健全的信仰，哪裡就沒有真
正的理性。……但是，沒有一種信仰比真理自身更加完善，而真理
自身就是耶穌」。❸這樣就產生了一個問題：庫薩哲學的最終歸宿難
道是信仰之上的愚昧主義嗎？

　　毋庸諱言，庫薩哲學的一些研究者正是這樣理解的。他們把《論
有學問的無知》的第三卷視為純神學問題扔在一邊，或者僅僅順便
提到，都沒有進一步去探討這種現象的實質。看來，解決這一矛盾
的關鍵在於：耶穌在庫薩哲學體系中究竟扮演了什麼樣的角色？這
個問題同時也是理解庫薩全部哲學的一把鑰匙。

　　在整個基督教哲學史上，耶穌的地位一直是一個最為敏感的問
題。無數次的宗教紛爭，許多派別和神學家之被判為異端，都起源
於對耶穌地位的不同理解。作為一個虔誠的天主教徒，作為羅馬教
會的一個高級神職人員，庫薩的著作中充滿了對耶穌的讚美，充滿
了與正統信條一致的說法，這是不足為奇的。但哲學之所以能夠是
哲學，其根本原因之一就在於它能夠透過現象看到本質。事實上，
只要我們撥開籠罩在庫薩哲學上的神學迷霧，就會清楚地看到，庫
薩對基督耶穌的讚頌實際上也就是對人的讚頌，他的基督學實際上
也就是披著神學外衣的人學，他把耶穌作為自己哲學的歸宿，實際

---

❸　同❶，卷1，頁92。

上也就是把人上升為哲學的最高主題。

　　為了理解庫薩哲學的這一奧祕，有必要沿著庫薩本人的思路進行一番考察。

一、既絕對又限定的極大

　　在第七章中我們已經談到過，在庫薩看來，宇宙中的任何事物都不可能達到它那個類的極大，也沒有任何類能夠達到宇宙的極大。否則，它就會成為上帝。這種虛擬的語氣本身就包含了一個假言推理，即如果有某一個事物達到了極大，那麼，它就與上帝同一。因此，庫薩接下來就補充說道：「如果某物能夠成為某個種的極大限定個體，那麼，這個事物就必然是那個類和種的完善狀態，作為方式、形式、根據和真理處於這個種本身中一切可能產生的事物完善性的完美狀態中。這樣一個限定的極大超越了限定的一切性質，作為那個種的終極目的存在，在自身中包容了它的一切完善性，同任何既定的個體都享有超越一切比例的最高相等。它既不大於任何事物，也不小於任何事物，在自己的完美狀態中包容了一切完善性。由此可見，這樣一個限定的極大本身不能作為純粹的限定事物存在，因為正像我們剛剛所說的那樣，沒有任何事物能夠在限定的完善性的類中達到完善性的完美狀態。因此，這樣一個極大作為限定的極大不是上帝，上帝是絕對的。它必然成為限定的極大，也就是說，它既是上帝又是被造物，既是絕對的又是限定的」。❹這也就是說，如果在宇宙中的個體事物中有某一個成為極大，那麼，它是個體事物，是以限定的方式存在的，因而只能是限定的極大；但又因為它是個

---

❹　同❶，卷1，頁73。

體事物的完美狀態，也就是說，它是不可能有比它更大的事物存在的極大，因而也就必然在自身之中包括了一切事物的性質，從而能夠是一切事物之所是，但這種能力是只有上帝才具有的，因而它也就與上帝一致，所以又是絕對的極大。如果用庫薩自己使用的符號來表達，那麼，上帝就是一個圓，宇宙就是這個圓的所有內接多邊形的總和，而這個既絕對又限定的極大，就是這個圓的極大的內接多邊形。在無限的意義上，這三者是等同的。

庫薩認為，上帝和創造物、絕對和限定在這個作為個體的極大之中的值得讚美的結合，是超出了我們的一切理解力的。如果把它理解為不同事物的結合，那就大錯特錯了。絕對的極大不能是別的事物或者不同的事物，因為它就是一切事物；它也不能是過去分開的事物現在結合起來了，因為對它來說過去和今後沒有任何區別；這種結合也不能是分開的部分結合為整體，因為上帝不能是部分；也不能把這種結合理解為形式和質料的結合，因為絕對的上帝是不可混雜的，不能給予質料以形式。總之，這個結合只能是限定的極大存在於絕對的極大自身中，卻又既不能給絕對的極大增添什麼，也不能改變自己的限定性質。因此，「限定的極大必須這樣存在於絕對的極大之中，即如果我們把它設想為上帝，我們就弄錯了，因為限定者沒有改變自己的性質；如果我們把它想像為被造物本身，那我們就又受騙了，因為絕對的大，即上帝，不會拋棄自己的性質；如果我們最終把它看作是二者的複合體，那依然是錯誤的，因為由上帝和被造物，由限定的極大和絕對的極大構成一個複合體是不可能的。必須借助精神來設想這樣一個極大既是上帝又是被造物，既是被造物又是造物主，同時是造物主和被造物又沒有混雜與複合」。❺

二、只有人類才適宜產生這樣一個極大

個體事物的極大必然要與上帝同一，這是庫薩的有學問的無知的必然結論。但是，並不是個體事物的每一個類或種都適合產生這樣的極大。前文已經說過，庫薩否定了傳統的宇宙等級制。但這一否定的實質乃是強調在上帝面前一切事物平等，他並不否認事物中實際存在著不同的級別或某種秩序。「某些事物按照其本性與別的事物相比級別較低，因為它們沒有生命和智能。某些事物按照其本性是比較高級的，因為它們有智能。有些事物則介於這兩者之間。所以，如果絕對的大是一切存在中的最普遍者，以致它是一切事物並不比它是一事物更多，那麼就很清楚，那個與諸存在物的普遍性更具有共同點的存在物也就更加接近極大者」。❻問題就在於找出更接近於普遍性的那個類。

庫薩認為，比較低級的事物是不適合於充當這樣的角色的。例如，如果一條線是無限的，它就是極大的線，從而也就是從一條線所能夠產生的一切，即一切數學形體。在這種情況下，它由於是極大而是上帝，由於是限定而是一條線。但是，一條線不包括生命，也不包括智能，即使它成為極大，仍未能達到完善狀態。一條極大的線只能是一個還能變得更大的極大，也就是說，它還缺乏完善性。

同樣的道理也適用於那些不包含較低級性質的較高級事物。極大更應該是較高級事物與較低級事物的結合，而不是它們的分離。它包容一事物而並不因此排斥另一事物，它同時是一切事物。因此，

---

❺　同❶，卷1，頁74。

❻　同❶，卷1，頁75。

較高級的事物也不適合於充當這樣的角色。在這裡，庫薩所說的是
傳統基督教教義中的天使之類，它們沒有感性的性質。

基於上述理由，在庫薩看來，只有介於兩者之間的事物才適宜
於成為這樣的極大。「只有作為較低級性質和較高級性質結合的中間
物的中間性質，才適宜於由極大的、無限的上帝的力量提高成為極
大。因為它作為較低級事物的最高級性質和較高級事物的最低級性
質在自身包容了一切性質。所以，如果它連同它所包含的一切事物
上升到與極大結合，那麼就很清楚，一切性質以及整個宇宙都會以
所有可能的方式達到最高級別」。❼因此，庫薩心目中的理想種類顯
然是那包含了宇宙間一切性質的種類，而這樣的種類也只能是人類。
「人性就是那個被提高到上帝的一切作品之上而只比天使稍低一點
的性質，它包容了理智的和感性的性質。由於它把普遍的東西濃縮
在自身之中，因而被古人合理地稱作小宇宙或者小世界。因此，它
就是那如果被提高到與極大相結合，就會作為宇宙和各種個別事物
的一切完善性的完美狀態存在的性質，結果是在人類身上，一切事
物都獲得了它們的最高程度」。❽極大的線只不過是極大的線，極大
的天使也只不過是極大的天使，而極大的人卻可以同時是極大的線、
極大的天使以及極大的一切，即極大自身，因為人包含了宇宙中的
一切性質，一切性質都在極大的人身上達到極大。因此，只有人才
適宜於成為這種既絕對又限定的極大。

認為人在自身中包含了宇宙的全部要素，這是一個可以追溯到
古希臘哲學的古老觀點。即使在中世紀，也仍然有人「一半是天使，
一半是野獸」的說法。不過，基督教神學所宣揚的這種觀點的真實

---

❼ 同❶，卷1，頁75。

❽ 同❶，卷1，頁75。

涵義在於，人是上帝按照自己的形象創造的，因而有著與上帝相通的神性；但由於人類的始祖亞當和夏娃違抗上帝的意旨犯了原罪，所以後來的一切人都生而有罪，或者說有使他陷入罪惡的肉體。因此，人只有擯棄自然的欲望，皈依宗教，信仰上帝，才能獲得拯救。庫薩肯定人比天使稍低一點，這說明他仍然是在中世紀的框架內思考問題的。但在他看來，天使不具有感性性質實際上是一種缺陷，它使天使不適宜於作為極大與上帝同一。而人具有感性性質也不是人低下的標誌，反而是人能夠上升為極大與上帝結合的資格。正是在這種意義上，人是宇宙間最完美的種類。庫薩對人、人的地位和人的尊嚴的歌頌，構成了文藝復興人文主義精神這部交響曲中的一個重要樂章。在比他稍晚的哲學家費奇諾、皮科、斐微斯(J. Vives)等人的著作中，我們都可以領略到庫薩這一思想的回響。

三、耶穌就是人類的極大

庫薩認為只有人類才適宜產生與上帝同一的極大。但這個極大不能是一個抽象的東西，而必須是一個現實的個體事物。抽象的人類是沒有現實存在的，存在的只是一個一個的個人。這也就是說，在人類中只有一個人能夠並且適宜成為這種極大。「人類只能以限定的方式存在於這個人或者那個人之中。因此，如果多於一個的實際的人升上去與極大結合是不可能的，那麼，這個人就必定既是人又同樣是上帝，即，是上帝又同樣是人。他是宇宙的完善性，在萬物之中占據首位。在他裡面，極大的性質、極小的性質和中間的性質都以同絕對的大結合的方式相互重合，以致他是萬物的完善性，所有的事物都作為限定的事物在他裡面也就是在它們的完善性中得到

安寧」。❾這樣一個人也就是被稱作上帝之子、上帝的道、上帝的相等者的耶穌。耶穌「既是上帝又是人，在他身上，人性本身與神性本身即道結合為一，這樣，人性不是存在於自身中，而是存在於神性中。因此，人性只有在上帝之子的位格中才能達到最高程度，達到一切完美狀態」。❿

　　到這裡，我們終於可以就庫薩的基督學作一結論了。在庫薩這裡，被基督教弄得神祕兮兮的基督耶穌不是別的，只不過是「極大的人」或者「人類的極大」而已。「只有一個不可分割的人性，它就是一切人的類本質，由於它，所有個別的人都是彼此可以用數來辨別的人。這同一個人性既是基督的人性，也是一切人的人性」。⓫基督耶穌作為上帝之子的神性並不妨礙他仍然是人，是人的兒子。不過，與其他所有的人不同，在耶穌身上體現的人性乃是極大的人性，是人性的完美狀態。「基督耶穌身上的人性彌補了所有人的所有缺陷。由於它是極大的人性，因而也就包容了整個人類的力量，以致它是任何一個這樣存在的人的等同，比人的任何一個兄弟或者最親密的朋友都更加一致得多」。⓬因此，耶穌是人類的理想代表，是人類發展的完成，或者換句話說，耶穌無非就是無限發展的人類，是人類在無限發展中與上帝，即絕對真理同一的象徵。不管庫薩是否明確地表達了這一思想，我們都完全有理由把庫薩對基督耶穌的贊美理解為他對無限人類的贊美，把他視信仰耶穌為自己哲學的歸宿看作是他視信仰無限的人類為自己哲學的歸宿。如果說，文藝復興

---

❾　同❶，卷1，頁75。

❿　同❶，卷1，頁77～78。

⓫　同❶，卷1，頁86。

⓬　同❶，卷1，頁83。

初期的人文主義者大多數是借助文學形式來表達自己的思想的，那麼，庫薩的思想乃是這個時代第一次以哲學乃至神學的方式，對人文主義精神做出總結和概括。

　　基督耶穌作為完美的人是上帝創造世界的最完美的作品。雖然上帝是完美的，是沒有嫉妒之心的，他的作品因此也應該是完善的。但是，事實上並不是這樣。宇宙萬物由於偏離上帝，或者說由於偶性，總是不能達到極大的完善，總是可以更完善一些。如果上帝的無限力量僅僅用在這些總是可以更完善一些的作品上，他也就沒有顯示自己的無限力量。因此，必須有一個完美的事物來作為上帝創造世界的目的。「所有怨恨都應與上帝遠遠隔離，上帝是至善的，他的勞作不可能是有缺陷的。就像他是極大的一樣，他的作品也是盡可能地接近極大的。不過，極大的力量僅僅在它自身完成。由於在它之外沒有任何事物存在，它又是無限的。因此，它不會在任何一個被造物中完成，無論是怎樣一個特定的被造之物，無限的力量都能夠造出一個更好更完善的東西。如果一個人與無限的能力自身結合，以致這個人不是存在於自身中的存在物，而是存在於與無限力量的結合中，那麼，這個無限的力量也就不是在被造物中，而是在它自身中完成。這就是上帝的極大無限、不可窮盡的力量的最完善的勞作，在這個勞作中他是不可能有失誤的」。[13]在這一作品中，上帝的無限創造能力得到了充分的實現。同時，它作為上帝的限定本身，也使一切以限定的方式來自上帝的存在的事物有了存在的根據。前面已經談過，庫薩曾借宇宙為中介解釋了上帝展開、限定為萬物的關係。在這裡，庫薩又以基督耶穌取代了宇宙的中介地位。「這樣，處於首位的就是創造者上帝，處於第二位的就是神人，他的被創造

---

[13]　同[1]，卷1，頁76。

的人性被接納到與上帝的最高的統一之中，作為一切事物的普遍限定而與一切存在物的等同在本體和位格上結合為一，從而通過絕對的上帝，借助普遍的限定即人性存在。處於第三位的是在限定的存在中呈現的一切事物，它們就是那些按照秩序能夠以最好的方式存在的事物」。❹庫薩特別強調，這樣一個順序並不能被看作是時間的順序，毋寧說，它是一個在性質上和完善性上超越一切時間的順序。這樣，上帝通過耶穌限定在萬物之中，萬物又都通過耶穌返回到上帝，萬物的發展也就通過基督這個人類的完美形象達到了最高的完善性，這不能不說是人類的驕傲。

四、人的本質在於理性

　　耶穌是人性的最完美狀態。但這並不意味著耶穌在人的所有屬性上都是最優秀的，而且這也是沒有必要的。人類作為宇宙間唯一適宜於產生極大的種類，包含了萬物的一切性質，但人類之所以和萬物區別開來，卻在於它具有理性。所以，「應該向那些實質的和本質的東西中留意人性完善的極大，例如使其他肉體的東西聯結在一起的理性。因此，極大完善的人不需要在偶性的東西上是傑出的，而只需要在理性方面是傑出的。這裡不問他是一個巨人還是一個侏儒，或者具有這樣那樣的身材、膚色、體型以及其他偶性的東西。但是，他的肉體能夠避免走極端，能夠成為他的理性性質的最好的工具，能夠毫不反抗、毫無怨言、不知疲倦地服從，這完全是必要的。我們的耶穌，即使在他的塵世生活中，身上也隱藏著無數的知識和智慧為他服務，就像在黑暗中隱藏著光一樣。為了實現他那最

---

❹　同❶，卷1，頁76。

傑出的理性性質，他具有最好最完善的肉體」。**⑮** 這也就是說，人之為人，在於人具有理性，在於人的理性能夠統帥肉體，肉體能夠為理性服務。而基督耶穌之所以是極大的人，也在於他的理性是最傑出的，他的肉體能夠最好地為他的理性服務。顯然，這裡是在雙重的意義上使用理性一詞的。第一層意思可以稱作是認識的理性。基督耶穌在知識和智慧上是最完美的，作為人類無限發展的極大，只有耶穌能夠認識絕對真理，因而耶穌也就是絕對真理，這也就是說，人類只要充分地發揮自己的理性，是能夠在無限的發展過程中認識絕對真理的，或者說，人類在發揮理性方面的每一個進步，都是向絕對真理的接近。關於這一點，我們在前面已經充分地探討過了。這裡主要談一談第二層意思，可以稱之為實踐的理性。基督耶穌的理性能夠最恰當地統帥肉體或者感性，但不是完全擯棄它，而是使它為理性服務，成為理性的工具。由此也就產生了庫薩的倫理觀。在他看來，一個人是由理性和感性構成的，此外，在二者之間還有一種知性把二者聯結起來。他說：「處於昏暗狀態的感性認識不能認識永恆的事物，它是由情欲的力量推動而順從肉體成為肉欲，由怒氣的力量推動而順從肉體成為障礙。知性在其本性上由於分有了理性的性質而比較高尚，它擁有某些規則，作為指導者借助這些規則消解欲望的激情，使它恢復平靜，以免人在感性的事物中設立自己的目的，喪失理性的精神追求。……飛翔得更高的理性認識到，即使感性服從知性，不追隨任何對它來說自然而然的激情，人也仍然不能夠依靠自己來達到理性的永恆意願的目的。……如果肉體享樂的重量把知性和理性向下拖拉，使它們同意不抵制那些活動，那麼很清楚，這個人就會向下沈淪而背離了上帝，被完全剝奪了對善

---

⑮　同**❶**，卷1，頁79。

的最高享受，而善對於精神來說是向上的和永恆的。此外，如果知性統治了感性，更重要的是，如果理性統治了知性，人就會歸附於知性之上形成的信仰這個中介，就能被聖父上帝吸引到榮耀中去」。⑯這段不算短的引文可以說是庫薩倫理思想的一個集中表述。從這裡可以看出，庫薩並沒有像一些神學家所主張的禁欲主義那樣，要求棄絕一切情欲，而是要求用理性指導、控制感性，使人的生活合乎理性，並且堅持認識上帝的崇高追求，不致沈淪於情欲之中。在文藝復興時期，雖然也有一些思想家主張人應該打破一切清規戒律，完全按照自己的自然本性生活，但他們所說的自然本性自身也是包括了理性的。而大多數的思想家還都是主張合乎理性的生活，並把理性視為人尊貴與否的標準。因此，不能僅憑庫薩主張抑制情欲，就說這是基督教的傳統教義。事實上，這是任何深刻的思想家都主張的生活態度。庫薩與基督教的傳統道德觀的區別還在於，後者壓抑情欲的目的在於純潔信仰，而庫薩壓抑情欲的目的則在於解放理性。雖然他也曾談到，信仰基督是認識上帝的開端，是人獲救的必然途徑。但他所要求信仰的基督卻恰恰是理性上最完善的代表，因而信仰基督，也就是信仰理性。這一切都說明，庫薩已經掙脫了中世紀基督教會的傳統倫理觀，代表了人文主義和啟蒙運動崇尚理性的精神。

---

⑯　同❶，卷1，頁81～82。

第十章　人的認識能力

　　既然按照庫薩的思維邏輯，耶穌無非就是無限發展的人類，是人類在無限發展中與上帝，即絕對真理同一的象徵，那麼，這種同一在每一個具體的人身上是如何體現的呢？庫薩通過對人的認識能力的分析回答了這一問題。

　　庫薩把人的認識能力的總和稱作精神，有時也稱作靈魂。不過總的說來，精神和靈魂在他那裡是既同一又有區別的東西。他指出：「精神是一個活的實體，我們體驗到它在我們身體內部說話和做出判斷。它比我們在自己身上體驗到的所有靈性力量中的其他任何一種都更加類似無限的實體和絕對的形式。它在我們身體內的職能就是給身體以生命，由此它被稱作靈魂。因此，它是實體性的形式，或者是以自己的方式把一切包容於自身的力量。它不僅包容了動物性的力量，借助這種力量它通過賦予植物的和感覺的生命而使身體擁有靈魂，而且還包容了知性推理的力量和理性的以及只有用理性才能把握的力量」。❶ 因此，「存在於自身之中的精神是一回事，存在於身體之中的精神是另一回事。存在於自身之中的精神或者是無限的，或者是無限者的摹本。但是我認為，在那些由於不能以極大和絕對的方式或者以無限的方式存在於自身之中，因而是無限者的

---

❶　N. Cusanus：〈論精神〉，《尼古拉・庫薩著作集》，卷1，頁246。

摹本的精神中間，某一些給予人的身體以靈魂。因此，我同意根據其職能稱它們為靈魂」。❷ 顯然，庫薩在這裡接受了傳統基督教哲學的觀點，承認有純粹精神的存在，例如我們前面已經指出過的天使。不過，在他看來，所謂精神先於身體只是在本性意義上，而不是在時間意義上所說的。他以視力和眼睛的關係為例說明：「視力在現實上決不可能先於眼睛，除非是在本性上」。❸ 因此，人的精神、人的靈魂、人的生命活動是同一個東西。

庫薩把人的精神這個統一的整體劃分為感性 (sensus)、想像力 (imaginatio)、知性(ratio)、理性(intellectus)這四種認識能力。他認為：「靈魂是無形的實體，是各種不同力量的力量，因為它自己就是感性，同時，它自己也是想像力、是知性、是理性。它在身體以內行使感性和想像力，在身體以外行使知性和理性。但是，感性、想像力、知性和理性只有一個共同的實體，盡管感性並不是想像力，也不是知性、理性。同樣，無論是想像力，還是知性、理性，也都不是其他任何一個。因為在靈魂中有不同的把握方式，其中每一個都不是另外一個」。❹ 雖然在不同的著作中庫薩還提出過其他的劃分方法，尤其在想像力的地位問題上，例如他有時把想像力歸入感性，有時把想像力歸入知性，從而實際上把精神劃分為感性、知性、理性三種認識能力，但他在總體上還是始終遵循了這種四分法。即使在把精神劃分為三種認識能力的時候，他也同時強調了想像力的相對獨立地位。

下面，我們準備具體地分析庫薩關於這四種認識能力的論述。

---

❷　同❶，卷1，頁238。

❸　同❶，卷1，頁246。

❹　N. Cusanus：《論球戲》，頁20～21。

這裡必須首先說明一點，在庫薩看來，不存在純粹的感性、想像力、知性或者理性，這四者是一個統一的有機整體，任何精神活動都是這四種認識能力互相配合、相互影響的結果。因此，庫薩也沒有一個獨立的感性學說、想像力學說、知性學說或者理性學說。他的所有有關論述都是在這四者的相互聯繫中展開的。這裡之所以把它們分別開來論述，只是為了研究的方便。

一、感　性

　　庫薩認為，感性認識是一切認識的開端。因為只有通過感性，我們的精神才能與外部的現實世界發生關係。「精神的能力，即理解和認識事物的能力，除非受到感性事物的刺激，否則就不能發揮作用。而如果沒有感性表象作中介，它也就不會受到刺激」。❺此外，感性認識也是一切認識的唯一起源，一切認識都需要感性為它提供加工的材料。因此，庫薩贊同「凡是在理智中的，無不先在於感性中」這樣的提法。他認為：「知性的活動是關於落在感性之下的事物的。知性確立了這些事物的區分、一致和差異。因此，凡是在知性中的，無不先在於感性中。……就種和屬歸在一個名稱之下來說，它們是知性的東西。知性根據感性事物的一致和差異創造了種和屬。因此，它們在本性上在感性事物之後，是感性事物的摹寫。如果感性事物消失了，它們也不能再留存。因而，誰要是認為，凡是能夠出現於理性中的，無不能夠出現於知性中，他也就等於認為，凡是能夠在理性中的，無不先在於感性中」。❻顯然，庫薩在這裡提出的

---

❺　同❶，卷1，頁245。

❻　同❶，卷1，頁241。

是一種經驗主義的認識起源論。但是，庫薩不同意把感性看作是被動地接受外部刺激的能力。在他看來，精神是在接受外部刺激的同時主動地去摹寫對象。精神就是一種摹寫的力量。因此，感覺不純粹是被動的印象，而且也是精神主動的創造。

庫薩認為，擔負接受外部刺激任務的是身體的五種感覺器官，即視覺器官、聽覺器官、嗅覺器官、味覺器官和觸覺器官。他把它們稱作為精神接受外部對象刺激的「窗戶和道路」。❼在另一處地方，他又把它們稱作為人這座城的五個城門，全世界的信使都通過它們進入城內，報告整個世界的結構。在庫薩看來，這五種感覺器官都是各司其職、互不侵權的。「精神在視覺中摹寫可見的東西，在聽覺中摹寫可聽的東西，在味覺中摹寫可品嘗的東西，在嗅覺中摹寫可嗅的東西，在觸覺中摹寫可觸的東西」。❽但視覺卻不能去摹寫聲音，而只能摹寫顏色，對於其他感覺來說亦是如此。感覺的產生使精神「受到了從對象擴展到元精 (spiritus) 的影像的障礙的刺激」，❾因此，「一切感受都產生自接觸，其中一些感覺是由直接的接觸引起的，另一些感覺則是由或多或少有一定距離的對象引起的。因此，在嗅覺器官中產生的嗅覺，由於該器官優越的本性，為了產生感覺可以達到很遠的對象，而聽覺可以產生自更遠的對象。在由較遠的對象引起感覺這方面，視覺勝過其他一切感覺」。❿不過，無論感覺能夠達到多遠，它都離不開當下對象的刺激。這是感覺和其他認識能力的最重要的區別之一。

---

❼　同❶，卷1，頁259。

❽　同❶，卷1，頁253。

❾　同❶，卷1，頁253。

❿　N. Cusanus：〈論猜測〉，《尼古拉·庫薩著作集》，卷1，頁172。

　　在感官中，具體擔負接受外部刺激任務的是動脈元精 (spiritus arteriarum)。元精由精神賦予生機，以動脈為容器，充斥於各種思維器官中，根據其不同的可塑性擔負著接受、傳遞、加工現實世界對人體器官的刺激的任務。借助這種由精神賦予生機的、有形體的元精，庫薩把無形的精神與有形的人體連接起來。它意味著，只有與人的身體相結合的精神或者靈魂，也就是說，只有現實的人，才能從事現實的認識、摹寫。人的身體表現為精神的現實載體、工具和基礎。顯然，庫薩試圖借助元精說來解釋人的精神如何認識外界事物這一複雜的問題。當然，這種解決方式在今天看來是幼稚的，沒有科學根據的。但是，我們不應該忘記，元精說在當時恰恰是以占統治地位的蓋倫(Galen)醫學為根據的。它不僅是中世紀解釋人的思維活動的「科學」基礎，而且直到文藝復興時期仍有很大市場。它是人類試圖通過「科學」解決精神和人體之間關係的一種嘗試。如果說，直到17世紀笛卡爾還不得不用所謂的「松果腺」來克服自己的身心二元論，那麼，我們也就沒有理由再譏笑庫薩的幼稚了。

　　由以上思想出發，庫薩鮮明地表達了他對柏拉圖的「回憶說」和亞里士多德的「白板說」的態度。他認為：「毫無疑問，我們的精神是上帝為了使它發揮作用而置入這個身體之中的。因此，它也必然從上帝那裡得到了它為了能夠發揮作用而必需的一切。因此，不應該認為靈魂具有天賦的觀念，後來在身體中又把它們遺失了。毋寧說，靈魂需要身體，以便發揮自己天賦的能力，就像靈魂的視覺能力一樣，它只有受到對象的刺激，才能在其活動中現實地去觀察，而且除非是受到由感官為中介放大了的形象的阻礙，否則它就不會受到刺激。因此，視力需要眼睛。精神的能力，即理解和認識事物的能力，除非受到感性事物的刺激，否則就不能發揮作用，而如果

沒有感性表象作中介，它也就不會受到刺激。因此，靈魂需要身體
的器官，沒有這種器官，刺激就不可能產生。在這一點上，亞里士
多德顯然說的對，靈魂並非一開始就具有天賦的觀念，後來在它進
入身體時又把它們遺失了」。⓫不過，庫薩對柏拉圖的「天賦觀念論」
或「回憶說」的批判並不意味著他同意亞里士多德的「白板說」。在
他看來，我們的精神不可能是一塊白板，否則它就不可能對接受到
的刺激做出判斷，就像一隻鴿子不能判斷諧音，從而成為吉他演奏
家一樣。因此，「我們的精神具有天賦的判斷力。離開了它，精神就
不能發揮作用。這種判斷力是精神依照其本性生而俱有的，借助它，
精神從自身出發認識做出判斷，看它是可疑的還是可靠的或者令人
信服的。如果柏拉圖把這種能力稱作是天賦的觀念，那他就沒有全
錯。……精神就是這樣一種能力，它不具有任何一種觀念形式，但
一旦受到刺激，就能摹寫任何一種形式，創造出事物的一切認識。
就像始終待在黑暗中，從未來到過光線下的視力一樣，它對可見的
事物沒有任何現實的認識。但一旦它來到光線下並受到刺激，就會
摹寫可見的事物並創造出認識」。⓬認識就是固有的能力與外部刺激
的結合。顯然，庫薩力圖在柏拉圖和亞里士多德之外開闢第三條道
路。他既不同意「回憶說」，也不同意「白板說」，既否認天賦的觀
念，同時又肯定了天賦的認識能力，認為只有通過現實存在的事物
的刺激，這種天賦的認識能力才能現實地發揮作用，從而創造出認
識。

　　以「回憶說」為代表的先驗論和以「白板說」為代表的經驗論
是西方哲學史上兩種長期爭論不休的傳統，它們之間的鬥爭在17至

⓫　同❶，卷1，頁245。

⓬　同❶，卷1，頁245～246。

18世紀哲學中達到了白熱化。在爭論中，萊布尼茨也曾試圖用天賦的認識能力來取代天賦觀念，以便維護先驗論；康德的先驗認識形式也正是對萊布尼茨這種思想的繼承、改造和發展。從這一點來說，庫薩是他這兩位德國同胞的當然先驅，理應被納入先驗論哲學家的行列。但我們的研究不應該僅僅停留在這一點上，而是應該通過更深入細緻的研究來全面系統地評析先驗論。在我看來，天賦觀念論固然有錯誤，白板說也並非無懈可擊。後者錯就錯在形而上學地假定了一個「白板」來作為認識的起點。其實，無論是在種系發生學還是在個體發生學的意義上，人的認識都不可能有一個「白板」來作為截然分明的起點。從類的角度來看，人類起源於動物，而高級動物已經有相當發達的意識能力和相對固定的意識模式。從動物意識到人類思維所發生的質的飛躍，只不過是我們人為地劃定的一個界限。在現實中，不可能有一個時間點來作為動物意識和人類思維之間的清晰界線。因此，人類不可能是帶著一個空白的大腦成為人類的。在漫長的歷史發展過程中，人類從動物繼承來的認識能力和認識模式不斷地得到加強和發展，而每一代人也都是以前此各代人在長期的積澱中所形成的認識能力和認識模式為出發點的。從個人的角度來看，每一個人也都不僅從父母那裡獲得了積澱在基因之中的遺傳信息，而且根據現代所流行的胎教說，胎兒在母腹中就已經開始接收彌漫在他周圍的社會信息。否認上述情況，僅僅從發達的思維器官這種物質基礎出發，是無法真正解釋為什麼同樣的社會環境不能把一隻猴子教育成人的。因此，任何現實的認識都不是從白板，而是從既定的前提出發的。任何現實的認識都是認識主體以既定的認識、既定的認識模式和認識方法為尺度來度量客體、創造新認識，並在此基礎上改造和發展既定的認識、認識模式和認識方法

的過程。只有把每一個具體的認識過程放在無限發展的整個認識過程中去考察，才是辯證的方法。在這種意義上，當然可以、而且應該承認有某種先天的認識能力存在。不過，肯定這一點，並不妨礙我們在整體上、在基本傾向上把先驗論看作是錯誤的，因為任何先天的認識能力都只能是在漫長的歷史過程中、在無數次的認識實踐中逐步形成和完善的。庫薩未能認識到這一點，使他的認識論最終走向了先驗論。但他的歷史功績在於，通過把精神的認識歸結為摹寫和創造，他不僅糾正了「天賦觀念論」和「白板說」的錯誤，而且也避免了後來的機械唯物主義把認識簡單地等同於鏡子式的反映的局限性。在一定的意義上，庫薩的思想可以被看作是近代哲學弘揚人的主體性和能動性的先驅。

在庫薩看來，感性判斷是完全肯定性的。感覺不能進行否定，因為否定就意味著區分。感性「只能確定有某種可為感性感知的東西存在，卻不能確定它是這個或者那個」。⑬否定、區分都是知性的任務，因此之故，在感性中一切事物都是雜亂無章的、毫無區別的。

精神在這樣的水平上是無法實現摹寫現實世界的使命的，因此，它必須上升到更高的認識能力，這就是想像力。

二、想像力

想像力的地位在庫薩哲學中是最為混亂的一個問題，可以說，庫薩終其一生也沒有形成一個固定的說法。甚至在同一部著作中，也常常是前後不一致。他一方面認為想像力是一種獨立的認識能力；另一方面又多次強調「想像力沒有超出感性事物的範圍」，⑭並把想

---

⑬ 同⑩，卷1，頁132。

像力稱作是「感性的較高級部分」。❺但在別的地方，他又認為，在感性和理性之間，「產生了兩個中間等級，我把它們稱之為知性。這種知性的較高級的、更為接近理性的部分是理解力，較低級的部分是想像力」。❻在這裡，想像力又成了知性的一個部分。導致庫薩在這個問題上搖擺不定的原因，可能是想像力功能的特殊性。一方面，想像力始終不能超出感性事物的範圍；但另一方面，它又不像感性那樣束縛在外部的可感事物上，而是像知性那樣是一種內在的過程，並且具有比感性更高的主動性。但無論如何，想像力是感性和知性之間的一種特殊的認識能力，這一點卻是肯定的。

　　庫薩認為：「在想像力的器官中有另外一種元精，它能摹仿造成任何一種感性影像，盡管是以粗糙的和不加區分的方式」。❼因此，想像力雖然能夠把各種感覺器官所搜集到的材料主動地加工成為一個整體形象，但由於它不能進行區分，這個形象仍然是模糊的。然而重要的是，想像能夠擺脫感覺對事物當下存在的依賴，借助記憶把握曾經被感知的事物，從而把時間和過程引入認識。「感性局限於規模、時間、形狀和地點的量，享有更大自由的想像力則繼續前進，超越了這一局限性。與感性力量相比，它能夠把握或多或少更近或更遠的東西，甚至包括不在場的事物」。❽因此，想像力不僅通過把各種感覺結合起來使精神對事物有了整體印象，而且還使精神終於擺脫了對與事物接觸的依賴，完成了精神與感性事物的分離，完成

---

❹　同❿，卷1，頁132。

❺　N. Cusanus：〈論有學問的無知〉，《尼古拉・庫薩著作集》，卷1，頁16。

❻　同❿，卷1，頁174。

❼　同❶，卷1，頁254。

❽　同❿，卷1，頁172。

了質料因素的精神化，使精神得以返回自身，對事物的形象進行純粹的加工。因此，想像力是從感性到知性的不可缺少的一環。也正是在這種意義上，庫薩指出：「想像力幫助了精神，精神與它緊密相連」。⑲

三、知　性

感性和想像力都由於不能進行區分而不能形成真正的認識。在人的精神中，更高的認識能力是知性。庫薩認為，感性和想像力是人和動物所共同具有的，而知性則是人所獨有的。因而他說道：「如果我看到一個人，他雖然在感性方面能力很強，但卻沒有知性，我真懷疑是否應該把他的靈魂看得和另外一個動物的靈魂一樣」。⑳

知性主要的功能就是度量、計數、比較、區分。由於知性借助想像所提供的感性印象不再依賴於與具體事物進行接觸，並且借助記憶把這些感性印象儲存起來，因此，它能夠對這些印象進行比較和區分，從而對事物做出肯定的或否定的判斷，即一個事物是什麼或者不是什麼。「靈魂的感性感知感性事物，但是，倘若沒有感性的統一，也就不存在感性事物。此外，感知是混亂的，粗糙的，因為它沒有進行區分。感性感知而不區分，一切區分都產生自知性，因為知性是感性事物的數的統一。即使通過感性把白與黑、暖與冷、利與鈍、此與彼區分開來了，這也已經是從知性的特性降臨的。因此，感性自身不能否定，否定是一種區分。……知性利用感性，把它當做區分感性事物的工具，但它自己就是在感性中區分感性事物

---

⑲　同❹，頁69。

⑳　同❹，頁75。

的力量」。㉑因此，「我們進行區分的能力被稱作知性靈魂，因為靈魂是借助知性進行區分的。推理的思維是計算和計數。盡管靈魂借助視覺把握了可見的東西，借助聽覺把握了可聽的東西，總之，借助感性能力把握了可感的事物，但是，它只能借助知性進行區分。例如，當我們聽到多聲部的合唱時，我們借助感性能力把握聲音，但我們是借助知性和方法測度出區別與諧和的」。㉒

　　知性最重要的功能是在摹寫現實世界的基礎上形成的主動創造能力。這裡必須強調指出的是，知性的創造在庫薩這裡並不是無中生有，而是通過加工感性所提供的印象實現的。卡西勒認為，在庫薩看來，「純粹知性的特點是，它從自己的力量出發發展和確立了它的全部內容，為了在邏輯上證明這些內容，它並不需要超出自己的勢力範圍的界限，全部豐富的認識實際上已經包含在首要的、純粹理智的諸原則中，並在那裡預先確定下來了。因此，不能把感性看作是知識的資料和根據，但它也許構成了最初喚醒『沈睡的』知性力量、敦促它們展開自己和證明自己的心理學刺激和動力。早在它們轉向感性事物的時候，精神的純粹『潛能』就已經現實地起作用了」。㉓這完全是站在新康德主義的立場上對庫薩哲學的曲解。實際上，庫薩本人的表述再清楚不過地說明了這一問題。庫薩強調「凡是在知性中的，無不先在於感性中」，認為「知性的活動是關於落在感性之下的事物的」，認為知性是「根據感性事物的一致和差異創造了種和屬」等普遍概念，它們是「感性事物的臨摹」等等。這和卡西勒對庫薩的理解有著本質的區別。在庫薩看來，知性根據存在於

㉑　同❿，卷1，頁131～132。

㉒　同❹，頁70～71。

㉓　E. Cassirer：《近代哲學與科學中的認識問題》，卷1，頁31。

事物自身之中的數量關係創造出數字，建立起數學；根據事物自身的特殊性和共性進行比較、分類，在此基礎上創造出概念，並賦予概念以名稱。當然，知性加工的不是感性事物本身，而是感性器官從感性事物獲得的印象，而且加工過程本身也是一個主動創造的過程，這是毫無疑問的，也是完全正確的。但由此絕不能得出，感性僅僅提供了心理學上的刺激而沒有提供材料的結論。

知性的創造能力不僅僅表現在加工感性所提供的材料從而構造概念這一點上，更為重要的是，知性還可以根據已有的知識進行推理，從而獲得新的知識。庫薩指出：「知性超出了想像，例如，它能看到對趾人❷和我們一樣不會掉下去，因為重物是向處於他們和我們中間的中心運動的。想像力就不能達到這一點。因此，知性必然勝過想像力，能夠更真實地、更不受局限地達到整體」。❷在這裡，知性超出了感性認識能力的局限性，利用推理擴大了人們的認識範圍，因此，庫薩有時也稱知性為「推理的思維」。

主動的知性還可以為被動的感性提供指導，使它有選擇地、有目的地、主動地進行感知。庫薩認為，我們經常對某些東西視而不見、聽而不聞，這並不是因為我們沒有感知這些東西的能力，而是因為我們沒有注意這些東西。例如，雖然我們擁有音樂知識，但我在做幾何題的時候，卻不能感知音樂。「只有注意力集中的思考才能使我感知那我不曾感知到的可認識的東西」。❷而這種注意是由知性

---

❷ antipodes，在中世紀後期，歐洲已有人猜測到地球和其他天體一樣是一個球體。如前所述，庫薩接受了這一猜測。對趾人即指在球體的另一面、其腳趾和我們的腳趾相對的人。

❷ 同❿，卷1，頁173。

❷ 同❹，頁82。

為感性提供的。知性不僅使感性有選擇地感知它遇到的對象，而且使感性主動地去感知對象。「當我打算看到某種可見的東西時，我就把眼睛對準它；當我打算聽到某種可聽的東西時，我就把耳朵對準它；……總之，當我打算用感性感知某物時，我就把感知能力對準它。當我想看到某種我曾經感知過的東西時，我就把想像力或記憶力對準它」。❷

知性更大的自由和主動性表現在，它可以不用摹寫某種自然事物，而是從自身出發創造出自然界不曾存在過的新事物，作為延長和加強自己的認識能力和實踐能力的工具。庫薩在更高的層次上強調了知性的創造能力。他指出：「靈魂借助自己的發明創造出新的工具來進行區分和認識，例如托勒密創造了星盤，俄耳甫斯創造了豎琴等等。發明者不是從某種外在的東西出發，而是從自己的精神出發進行創造的，因為他們是在感性的材料中展開了自己的構想。例如年、月、時，就是人創造的測量時間的工具，而時間由於是運動的尺度，從而也是進行測量的靈魂的工具。靈魂的知性並不取決於時間，而被稱作時間的運動尺度的根據，卻取決於知性靈魂」。❷

然而，由於知性依賴於感性和想像為它提供材料，因而也就不能精確地把握事物的本質，因為感性和想像力所提供的都是被質料的可能性弄模糊了的形式。「由於精神借助這種摹寫只能達到對可感對象的認識，而在可感對象中，事物的形式不是真實的形式，而是被質料的可變性弄模糊了的形式，因此，一切這樣的認識與其說是真理，毋寧說是猜測。所以我認為，借助知性所達到的認識是不確定的，因為與其說它們是真理，毋寧說它們是形式的摹本」。❷此外，

---

❷ 同❹，頁79。

❷ 同❹，頁74。

就像知性不能把握事物的本質一樣，知性所創造的名稱也不能完全符合概念自身，而思維又必須借助語言表現出來，這就使思維有了更大的非精確性。更為嚴重的是，知性不能把握無限。因為首先，知性是借助比較從對一事物的認識達到對另一事物的認識的，因而只能停留在有限事物的領域內，即停留在「可大可小」的領域內。其次，由於知性的功能就在於比較和區分，因而是一種非此即彼的思維（庫薩有時亦稱知性為「選言推理的思維」），它遵循的是邏輯的不矛盾律，因此也就不能理解對立面的一致。這些我在前面都已有詳細的說明，此處就不再贅述了。

四、理　性

　　理性是最高的認識能力，同時也是精神運動的完成。

　　在知性的知識中，唯有數學具有精確性。庫薩認為，這是由於在數學中，精神是作為自在的精神，即不依賴於感覺器官的精神活動的。也就是說，在數學中，精神是把自己本身當做工具來使用的。精神的對象不是被質料弄模糊了的形式，而是自己的形式，例如不是圓的事物，而是圓本身，是從圓心到圓周的一切線段相等的圓。在現實世界中並不存在這樣的圓，因為在那裡絕對的相等是不可能的。「由於精神是在自身並且擺脫了質料來做出這些摹寫的，因此，它摹寫的是抽象的形式，借助這種能力產生了可靠的數學知識」。[30]但是，精神並不滿足於這種方式，因為它並沒有直觀到萬物精確的真理，它所認識到的真理也還不是絕對單純的真理。「如果精神照顧

---

[29]　同[1]，卷1，頁254。

[30]　同[1]，卷1，頁255。

到它的單純性，即不僅按照它擺脫了質料的樣子，而且按照它不能轉達給質料、不能與質料合而為一的樣子，那麼，它就可以把這種單純性當做工具使用，不僅在質料之外以抽象的方式，而且在不能被轉達給質料的單純性中摹寫一切事物」。❸這就是理性的認識方式。在理性中，精神是在真理的單純性中直觀一切事物的，就像在點中直觀一切大小，在圓心中直觀一切圓一樣。如果說，精神在知性中認識到一切存在物都是以不同的方式分有了存在，那麼，它在理性中則是超出一切分有和區別，以單純的方式直觀一切存在物的絕對存在自身。「精神以這樣的方式利用它自身，它是上帝的摹本，上帝是一切事物。當精神作為上帝活的摹本轉向它的原型，並以其全部力量致力於摹寫它的原型時，上帝也就反映在精神中。精神以這樣的方式直觀到一切是一，它自己就是這個一的摹寫，借助這種摹寫，它構造了對這個是一切事物的一的認識。這樣，它也就完成了神學的思辨，在這裡，它就像是在一切認識的目的中，就像是在它的生命的最愜意的真理中愉快地歇息下來」。❸這也就是說，理性不是以事物本身，而是以事物的絕對本質即上帝為對象的。這就要求它把一切看作是一，把一看作是對立面的一致。和知性思維借助區分、推理來達到認識相反，理性思維是綜合、直觀。因此，庫薩有時也稱理性為「理性的直觀」(intellectualis intuitio)。

把理性的認識規定為直觀，表現出庫薩哲學在一定程度上和神祕主義的接近。它產生自一種對知性概念的不信任。由於我們的一切概念都產生自知性，是知性在加工感性和想像力所提供的感性材料時，通過從中抽象出共相並賦予其名稱而創造的。因此，知性概

---

❸　同❶，卷1，頁255。

❸　同❶，卷1，頁255～256。

念必然不能擺脫感性事物，從而只能局限在有限領域。在這一點上，庫薩與神祕主義是共通的。但是，與神祕主義者不同的是，庫薩的理性直觀並不否定知性概念，毋寧說，它是以概念為基礎，借助建立在概念之上的推理思維並超越知性概念實現的。前面，我們曾討論了庫薩是如何借助符號從對有限事物的知性思維出發達到對無限者的有學問的無知的，這正是典型的理性思維方法。對於庫薩來說，能夠體現出發展、過程的動態的符號，具體地說就是數學的符號，要比靜態的知性概念更適宜於用來把握無限。而這種以符號為工具的思維只能是一種直觀。它是超概念的，但決不是反概念的。對於那種靠棄絕知識而在一種魂游象外(ecstasis)的境界中與上帝契合的神祕體驗，「庫薩雖然沒有否認它的現實性，但據他自己所說，他並沒有經歷過」。❸因此，庫薩也沒有實際上把它當做一種把握上帝的方式加以探討。

然而，理性直觀所使用的符號已經不是有限世界的、可以畫出來的符號(對這樣的符號的直觀只能是感性直觀)，而是無限的符號。這樣的符號只能存在於精神中。在這種意義上理性又是一種反思，是從外部世界退出而反觀自我，是以自身為對象的認識。這樣，作為自己認識自己的思想的上帝最終在現實上就表現為自己認識自己的理性，自己認識自己的精神。如此一來，人是上帝，也就成為庫薩哲學的必然結論。

五、精神是一個統一的整體

庫薩雖然把精神的認識能力劃分為感性、想像力、知性、理性，

---

❸　K. Jaspers：《尼古拉・庫薩》，頁50。

但他同時也明確指出：「靈魂無非是某種高貴的、單純的、統一的力量，這一力量的每一個部分都可以證明自己是屬於整體的；就我們靈魂的感知力和想像力都在靈魂之中來說，它們也就是靈魂自身」。❸靈魂在感性中就是感性，在想像力中就是想像力，在知性中就是知性，在理性中就是理性。在任何低級的認識活動中，都已經有高級的認識能力在其中起作用。例如，如果沒有理性和知性力量的注意，就不能借助感覺器官來把握感性事物；如果沒有知性的區分，感性即使進行感知，也不知道感知的是什麼。同樣，沒有理性的參與，知性即使推論也不知道推論的是什麼。另一方面，沒有感性器官接受外部刺激，知性和理性就不能運動起來；沒有感性認識能力，知性和理性也不能把握感性事物，例如盲人就不能把握顏色。因此，認識是理性通過知性、想像力下降到感性和感性通過想像力、知性上升到理性的辯證統一，任何現實的知識都是這四種力量共同作用的結果。庫薩指出：「當知性下降到感性時，感性也就上升到了知性。在這種後退中可以看到前進。當感性返回到知性，知性返回到理性，理性返回到上帝時，開端和終點也就在完美的循環中合而為一了」。❸理性下降到感性，是為了感性能夠上升到理性，感性上升到理性，也是為了理性能夠下降到感性。理性下降到感性和感性上升到理性本來就是一回事。由此出發，庫薩描繪了在認識過程中這四種認識能力的相互作用：「由於理性在感性中所起的作用，沈睡的知性被驚奇所喚醒，以便獲得逼真的認識。然後理性又被驚醒，以便完美地脫離沈睡著的潛在狀態，更清醒地上升到對真理的認識。它在想像中設想感知到的事物，研究它們的狀況，在理解的活動中

---

❸　同❿，卷1，頁178。

❸　同❿，卷1，頁133。

推進到真理和認識，它把被感知事物的異統一在它的理性的一中。理性的一下降到知性的異中，知性的一下降到想像力的異中，想像力的一又下降到感性的異中」。❸這種完美的諧和關係使一向文風古板的庫薩也禁不住用詩一般的語言對人的認識的產生發出了由衷的贊嘆：「上帝的這一作品多麼奇妙！在這一作品中，區分的力量自身逐漸地從各種感覺的中心通過各種等級的肌體小溪匯入最高的理性本質。在那裡，最精緻的有形體的元精構成的紐帶由於精神力量的勝利而不斷地被照亮、被簡化，直到它伸延入知性力量的居室。然後，就像通過一條小溪流入浩瀚無際的大海一樣，它納入了理性力量的最高行列。在那裡，可以認為存在著一個學問、理性和最純粹的智慧的大合唱」。❸

從以上論述可以看出，在庫薩的認識論中，這四種認識能力並不是一種平等合作的伙伴關係，而是理性指導、統帥其他認識能力的關係，同時也是理性借助其他認識能力實現自身的一個過程。「理性下降到感性之中，也就是感性印象從搜集事實上升到更加完善的單純性。因此，它介入感性印象越深，就越是能夠把感性印象引入到自己的光照之中，以致最終使可理解的異通過融合為理性的一而在自己的目的中安寧下來。因而，理性的一實現的程度越高，就越是能夠從潛能推進到現實」。❸庫薩特別指出，理性在認識中下降到感性，並不是理性自甘墮落，而是為了獲得認識、實現自身必須採取這條途徑。「理性的目的並不是成為感性，而是為了成為完善的、現實的理性。然而，由於它不能以其他方式實現自己，因此它成為

---

❸　同❿，卷1，頁178～179。

❸　同❿，卷1，頁173。

❸　同❿，卷1，頁179～180。

感性，以便用這種方法從潛能推進到現實。通過完成這個環形的復歸，理性返回到自身」。❸這就像一個貴族一樣，他本來有資格成為一名軍官，但卻由於貧窮而無法實現這一目的，因而他不得不從事一些低下的工作，以便籌措能使他進入軍官階層所必需的經費。卡西勒對這一思想給予了很高的評價。他指出：「在這段深刻的話中，庫薩預言了那個只是在現代科學及其認識理想中才得到發展和實現的要求。只有專注於感知的材料，才能達到和建立真正的知識。但是，我們越是深入到這個任務之中，就越是能夠在經驗的背景上清晰地看到自己的精神和它的思想創造的圖像。庫薩在這裡標誌著柏拉圖主義的歷史轉變，這一轉變一直導向刻卜勒和伽利略」。❹卡西勒這段話的涵義就在於強調，庫薩一方面否定了天賦觀念論，另一方面又同時肯定了獲得認識的天賦能力，認為這些能力必須與經驗的材料結合才能形成現實的認識。應當承認，庫薩的這一思想與他重視事實、重視經驗的精神是一致的，對近代哲學和科學的發展都有積極的意義。

在西方近代哲學史上，布魯諾關於人的認識能力的劃分可以看作是對庫薩哲學的直接繼承，但更與庫薩思想接近的應當是康德哲學。庫薩認為認識發端於感性認識，認識是用先天的認識能力整理感性接受的材料，以及知性只能把握有限，而理性則以無限為對象的思想，都與康德哲學有著驚人的一致性。而庫薩認為感覺和現實世界一樣是混亂的，區分、分類是由知性提供的，則甚至可以看作是康德「人為自然立法」的先聲。黑格爾曾認為：「康德是最早明確地提出知性與理性的區別的人。他明確地指出：知性以有限的和有

---

❸ 同❿，卷1，頁179。

❹ 同㉓，卷1，頁32。

條件的事物為對象，而理性則以無限的和無條件的事物為對象。他
指出只是基於經驗的知性知識的有限性，並稱其內容為現象，這不
能不說是康德哲學之一重大成果」。❹但現在看來，康德已經無法獨
享這一發明權了。當然，康德的學說更完備，也更精緻，這一點是
不可否認的。黑格爾在肯定了康德的成果的同時，也批判了康德學
說的形而上學性質。黑格爾自己也明確地區分了知性思維和理性思
維。在他看來，知性思維的特徵是「非此即彼」，因而不能把握事物
的本質，把握具體真理；而理性思維的特點是「亦此亦彼」，因而能
夠在不同規定性的有機統一中把握事物的本質，把握具體真理。知
性思維必須上升為理性思維。在黑格爾的學說中，我們仍然可以看
到庫薩哲學的影子。

---

❹　黑格爾：《小邏輯》，北京，商務印書館，1981，頁126。

第十一章 人是人形的神

　　基督耶穌作為極大的個人與上帝同一，而極大又只能在無限中存在，因而耶穌實際上就是無限人類的代表。這就必然導致一個結論，即人是限定的上帝，或者說，人以人的方式是上帝。

　　萬物皆是上帝，這本來就是隱含在泛神論中的一個重要思想。關於這一點，我們在前面已經多次涉及到了。但庫薩說萬物是上帝，更多地是就萬物皆是上帝的展開，皆分有了上帝的神性而言的。而他說人是上帝，則著重強調的是人和上帝一樣具有創造性，是萬物的包容；而人之所以能夠進行創造，乃是因為人具有精神，人的精神是上帝的摹本。人文主義運動的精神哺育了庫薩哲學，而庫薩則在更高的水平上，即在哲學和神學的高度上體現了人文主義運動的精神。

一、人的精神是上帝的摹本

　　在第一部哲學著作《論有學問的無知》一書中，庫薩把宇宙間的一切事物都看作是上帝的一的展開。他雖然也明確地提出了人在宇宙萬物中的特殊地位，卻更多地是在人積聚了世界萬物的各種性質、適宜於產生萬物的極大這個角度上說的。在後來的《論精神》

等著作中，庫薩則著重從人的精神能力的角度更為鮮明地突出了人的特殊地位，明確提出人的精神是上帝的摹本，由此把人與萬物進一步區分開來。

庫薩認為：「神的單純性是一切事物的包容性的東西，而精神則是這種包容的單純性的摹本。如果你把這種神的單純性稱作是無限的精神，那麼，它就必然是我們的精神的原型」。❶前面，我們已經討論過庫薩的「包容」和「展開」這一對概念。在《論精神》一書中，庫薩特別提醒人們注意「摹本」與「展開」之間的區別：「請注意，摹本是一回事，展開是另一回事。因為相等是一的摹本，而不是一的展開，只有包容的多才是一的展開。我認為，精神是神的精神的摹本，是神的包容的第一個摹本，就其單純性和能力來說，包容了包容的一切摹本。所以，就像上帝是各種包容的包容一樣，精神作為上帝的摹本，是各種包容的包容的摹本。在摹本之後才是事物的多，它們展開了神的包容。例如，數是一的展開者，運動是靜止的展開者，時間是永恆的展開者，複合是單純的展開者等等」。❷

雖然庫薩在這裡使用的術語有點混亂和詰屈聱牙，但基本的思路還是清楚的。為了理解這一點，我們可以回憶一下庫薩關於上帝的三位一體的學說。在那裡，庫薩把上帝的三位一體稱作一、相等和結合。其中，一產生相等，並不產生多，相等是一的簡單重複，而不是展開為多。因此，展開是使一成為多，使一體現在多中。這樣，多中的一也就不再是純粹的一，多與一的關係是一種相似關係。而摹本則是使一保持為一，它與原本的關係不是相似，而是相等。精神從上帝產生就不是展開，而是摹本。庫薩特別強調，只有精神

---

❶ N. Cusanus：〈論精神〉，《尼古拉 · 庫薩著作集》，卷1，頁243。

❷ 同❶，卷1，頁244。

才是上帝的摹本，世間萬物（包括人自身）只是在分有精神的意義上才能說是上帝的摹本。他說：「在精神之後的一切事物都不是上帝的摹本，除非是就精神反映在這些事物之中來說的。例如，精神反映在完善的動物中就比反映在不完善的動物中更多，反映在有感覺的事物中就比反映在植物性的事物中更多，反映在植物性的事物中就比反映在礦物性的事物中更多。而沒有精神的創造物，與其說是神的包容的摹本，倒不如說是它的展開，盡管它們就這種精神性摹本的反映來說，在展開過程中也以不同的方式分有了摹本」。❸

在這種意義上，精神也就不僅是上帝的摹本，同時也還是事物的原型，或者換句話說，世間的萬事萬物都是在分有了精神這個摹本的情況下才是上帝的摹本，而且分有的程度越高，就越是上帝的摹本，分有的程度越低，就越僅僅是上帝的展開。庫薩用一個例子說明了這種辯證關係：「就像上帝是絕對的存在，是一切存在者的包容一樣，我們的精神是那個無限的存在的摹本，是一切摹本的包容，這就好像一個不為人知的國王的第一張畫像是所有其他可以按照它畫出的畫像的原本一樣。對上帝的認識或者上帝的外貌只下降到以真理為對象的精神事物中，而不會超出這一點，除非是通過精神。這樣一來，精神就是上帝的摹本，是在它之後的所有上帝的摹本的原型。因此，在單純的精神之後的一切事物在多大程度上分有了精神，也就在多大程度上分有了上帝的摹本，其結果是，精神是通過它自身成為上帝的摹本的，而精神之後的一切事物則是通過精神成為上帝的摹本的」。❹

這樣一來，精神也就躍居於萬物之上，成為上帝與萬物之間的

---

❸　同❶，卷1，頁245。

❹　同❶，卷1，頁244。

中介。前面我們已經談到過，庫薩反對宇宙的等級制，否認在上帝和宇宙萬物之間有一個既不同於上帝又不同於萬物的中間物獨立存在。但這樣一來，庫薩也就無法解釋作為不可分割、不包含對立面和多的無限的一與萬物的多的關係。於是，庫薩也就不得不從有限領域內部尋找一種多中之一來作為上帝和萬物之間的中介。無論是作為限定的極大的宇宙，還是作為既絕對又限定的極大的基督耶穌，還是作為上帝的摹本的精神，實際上都是充當同一個角色，即無限與有限、一與多之間的中介。它們都是屬於有限領域的，但自身又不受除上帝之外的任何限制；它們都是一，但又都處在多之中；它們都是作為可見的事物表現著那不可見的上帝。其實，這三者在本質上也是一致的。宇宙是萬事萬物的總和，人在自身中包含了宇宙間萬事萬物的各種性質，人的實質就是理性、精神；耶穌是極大的人，是在理性、精神上最完善的人。宇宙、耶穌、精神這三者最終在人身上統一起來了。因此，歸根結底，真正作為上帝和萬物之間中介的，只能是人；當然不是某個個體的人，而是普遍的人，是無限發展的人類。在這種意義上，庫薩關於上帝、宇宙、基督、精神的學說最終也就可以歸結為他關於人的學說，這應該不是誇大其詞。

二、人的精神的創造性

人是上帝的摹本，這句話除了包含有人和上帝一樣把萬物的各種性質包容於自身的意思之外，還有更重要的一層意思，這就是，人和上帝一樣也是一個創造者。在晚年的作品《論綠寶石》一書中，庫薩寫道：「請你注意黑爾默·特里斯默基斯圖(Hermes Trismegistus)所說的話，即人是第二個上帝。因為就像上帝是現實的事物和自然

形式的創造者一樣，人是以概念方式存在的事物和藝術形式的創造者。藝術形式無非是人的理智的摹本，就像上帝的造物是神的理智的摹本一樣。因此，人有一種理智力量，這種力量就其創造活動來說，是神的理智的摹本。人創造了神的理智力量的摹本的摹本，就像外在的藝術形象是内在的自然形式的摹本一樣」。❺由此可見，庫薩是在兩個層次上理解人的精神的創造力的，即人創造了一個概念世界，也創造了一個藝術世界，或者說人造世界。

　　庫薩明確指出，概念世界不是某種脫離人的給定存在，也不是人生而俱有的，而是人的主動創造。他寫道：「猜測應該產生自我們的精神，就像現實世界應該產生自神的無限理智一樣。因為人的精神是上帝的傑出摹寫，它盡其所能分有了創造性本質的豐富性，作為全能形式的摹本，從自身出發在對現實存在物的摹寫中產生理智性的東西。因此，人的精神是猜測世界的形式，就像神的精神是現實世界的形式一樣。所以，就像神的那種絕對存在是所有在任何一個事物中都構成其存在的東西一樣，人的精神的一也是它的猜測的存在。不過，上帝是依靠自己而創造一切的，因而他是一切事物的精神本原和目的。理智世界也同樣是從我們的包容性的精神展開的，因為我們的精神也是依靠自己創造它的」。❻

　　庫薩在這裡所說的猜測世界、理智世界，實際上也就是以概念的形式存在的人類知識，它們都是人的創造物。不過，人並不是憑空創造理智世界的，理智世界的產生是人摹寫客觀現實存在的結果。庫薩認為，這也是神的精神和我們的精神的區別之所在。「在神的精神和我們的精神之間存在的差別如同做與看之間的差別。神的精

---

❺　N. Cusanus：〈論綠寶石〉，《猜測的藝術》，頁324。

❻　N. Cusanus：〈論猜測〉，《尼古拉・庫薩著作集》，卷1，頁121～122。

神借助認識而創造，我們的精神借助認識、借助構成概念和理性觀念而摹寫；神的精神是創造的力量，而我們的精神是摹寫的力量」。❼因此，事物的現實存在是認識的前提條件，而認識的目的就在於通過摹寫現實存在而創造非感性的存在形式，並在此基礎上產生推理和理論。因此，精神在視覺中摹寫可見的事物，在聽覺中摹寫可聽的事物，在感覺中摹寫可感的事物，在想像力中摹寫可想像的事物；根據現實存在於事物中的數量關係創造出數學科學；根據現實存在於事物中的形式創造出概念，賦予事物以名稱；根據事物之間的和諧或差異創造出種和類，並在此基礎上形成各種科學知識。因此，上帝創造了現實世界；人的精神則是上帝的摹本，人通過摹寫現實世界而創造了理智世界；理智世界也就是現實世界的摹本，並以此方式無限地接近上帝。

人的精神的創造性除了表現在創造一個理智世界之外，還表現在它能夠創造一個藝術世界或者人造世界。庫薩把上帝創造現實世界的活動稱之為「無限的藝術」，而把人創造藝術世界的活動稱之為「有限的藝術」，或者「無限的藝術的摹本」，也就是說，「人的一切藝術都是神的無限藝術的某種摹本」。❽人的這種創造活動之所以被稱作「藝術」，乃是因為它是根據一個人自己創造的、並非仿效某種自然物的觀念，運用工具創造某種自然界尚不存在的事物。庫薩借平信徒之口，舉例說明了這種藝術的創造活動。「木勺除了我們的精神的觀念之外沒有任何原型。盡管雕塑家或者畫家是從他力圖塑造的事物獲得原型的，但我並不這樣做。我用木頭製造木勺，用陶土製造小盤和罐。在這個過程中我沒有模仿任何一種自然物的形狀。

---

❼　同❶，卷1，頁253。

❽　同❶，卷1，頁239。

木勺、小盤和罐的這些形式完全是借助人的藝術產生的。我的藝術就創造出的形狀來說，創造要多於模仿，就此而言，這類似於無限的藝術」。❾當然，庫薩並沒有意識到人類的任何藝術創造都不可能完全脫離對自然事物的認識和模仿；但另一方面，人類的任何藝術創造也不可能是純粹的模仿，其中都必然包含著人的創造性思維。只有把藝術理解為源於自然又高於自然的創造，才能正確地把握藝術的本質。

在《關於費爾巴哈的提綱》中，馬克思(K. Marx)對近代哲學曾有一個公正的評價。他說：「從前的一切唯物主義——包括費爾巴哈(L. Feuerbach)的唯物主義——的主要缺點是：對事物、現實、感性，只是從客體的或者直觀的形式去理解，而不是把它們當作人的感性活動，當作實踐去理解。所以，結果竟是這樣，和唯物主義相反，唯心主義卻發展了能動的方面，但只是抽象地發展了，因為唯心主義當然是不知道真正現實的、感性的活動本身的」。❿但是，綜觀庫薩關於人的精神的創造性的學說，我們卻發現，在這位近代哲學的先行者那裡，恰恰在不同程度上都避免了這兩方面——近代唯物主義和唯心主義——的缺陷。通過把認識理解為創造，他不僅批判了柏拉圖式的「天賦觀念論」，而且也沒有像近代唯物主義那樣把認識理解為被動的、消極的反映，同時也沒有像近代唯心主義那樣僅僅從主體方面理解認識。庫薩是同時從主體和客體兩方面、從主體和客體之間的相互作用出發把認識理解為摹寫式的創造的。而尤為難能可貴的是，庫薩的創造不是抽象的精神主體純粹在精神領域內的創造，而是現實的人的現實創造；它不僅包括了人們認識世界的活

❾　同❶，卷1，頁240。

❿　《馬克思恩格斯選集》，卷1，頁16。

動，而且還包括了人類改造世界、創造世界的活動。庫薩把這種創造活動看作為人是上帝摹本的一種標誌，這和他的人文主義思想是分不開的。當然，庫薩對人的創造活動的理解還是相當粗糙和不全面的，和我們今天對創造的理解還有相當的差距，但作為近代哲學的開創者，他的這一思想無疑具有重大的意義。

庫薩把上帝看作是現實世界的創造者，把人的精神看作是理智世界（或猜測世界）和藝術世界（或人造世界）的創造者，從而在實際上提出了一種三個世界劃分的理論。這使我們很容易想起現代科學哲學的著名代表人物波普爾(K. Popper)。波普爾把宇宙現象劃分為三個世界，其中世界一是物理世界，包括物理對象和狀態；世界二是精神世界，包括心理素質、意識狀態、主觀經驗等；世界三是客觀知識世界，包括一切見諸客觀物質的精神產品，如語言、神學、文學藝術、科學以及技術裝備等，並且詳細地探討了三個世界之間的關係。這和庫薩的學說頗有相似之處。當然，庫薩研究的重心在於這三個世界的創造者，而波普爾研究的重心則在於宇宙現象自身及其相互關係。庫薩關於三個世界劃分的思想也不像波普爾那樣明確、自覺和完備。不過，即使我們不能說波普爾受到了庫薩的什麼影響，至少也可以把庫薩看作是波普爾關於三個世界的理論的思想先驅。庫薩把宇宙現象劃分為三個世界，對於從細節上分別研究各種宇宙現象無疑具有積極的意義。

三、人的精神是小宇宙或人形的上帝

在《論球戲》一書中，庫薩說道：「我們不能否認把人稱作小宇宙，即一個有靈魂的小世界」。⓫把人稱作小宇宙或者小世界，是一個在古希臘自然哲學中就已經提出了的古老的哲學命題。它有兩層涵義：其一，人是宇宙的核心或者宇宙的各種元素和力量的集中；其二，人是宇宙的一面鏡子，反映著整個宇宙。庫薩基本上繼承了這一命題。關於他對第一層涵義的闡述，我們在第九章中已經探討過了，這裡主要討論他關於第二層涵義的闡述。

庫薩認為，人的精神在自身中以概念的方式包容了整個宇宙。「精神想像自己在自身中包括了一切，綜覽和把握了一切，它斷定自己在一切事物之中，一切都在它自己之中，以致在它之外沒有任何東西能夠存在，也沒有任何東西能夠避開它的凝視」。⓬就像上帝在自身中包容了一切事物的本質一樣，精神在自身中也包容了一切事物的摹本。因此，精神認識自身也就是在認識宇宙和萬事萬物，認識宇宙和萬事萬物也就是在認識自身。「人性的主動創造的目的無非就是人性自身。當它創造時，它並沒有推進到自身之外。但是，當它展開自己的力量時，它也就達到了自己本身。它沒有創造任何新的東西，而是認識到，它通過展開所創造的一切，本來就在它自身之中，因為我們說過，萬物都以人的方式存在於它之中。就像人性意味著以人的方式推進到一切事物的能力一樣，它也意味著把萬物統一於自身的能力。說它是一種能夠推進到一切應該考察的事物

⓫　N. Cusanus：《論球戲》，頁30。
⓬　同⓰，卷1，頁124。

的奇妙力量，無非是說它以人的方式把一切事物都包容在自身之中」。⓭

　　所謂「以人的方式」，也就是說，人的精神把一切事物包容在自身之中的方式，不同於上帝和宇宙把一切事物包容在自身之中的方式。上帝包容萬物，包容的是事物的絕對本質、真理；宇宙包容萬物，包容的是事物的限定本質，即事物的現實的存在自身；而人的精神包容萬物，包容的卻是事物的摹本，即事物的概念。因此，「如果你把神的精神稱作萬物的真理的總和，那麼，你就必須把我們的精神稱作萬物臨摹的總和，因為它是認識的總和。神的精神的概念就是創造事物，而我們的精神的概念卻是認識事物。如果神的精神就是絕對的存在，那麼，它的概念就是創造存在者，而我們的精神的概念卻是摹寫存在者。適用於神的精神，即無限的真理的東西，也適用於我們的精神，即神的精神的逼真的摹本。如果一切事物在神的精神中也就是在其準確的和本來的真理中，那麼，一切事物在我們的精神中也就是在其本來的真理的摹本或摹寫之中，也就是說是以認識的方式，借助摹寫產生了認識。一切事物在上帝之中，在那裡是事物的原型。一切事物在我們的精神之中，在這裡是事物的摹寫。就像上帝是絕對存在的，是一切存在者的包容一樣，我們的精神裡那個無限的存在的摹本，是一切摹本的包容」。⓮人的精神不僅是對現實世界的認識的創造者，而且也是這些認識的總和，是這些認識的包容者。更重要的是，人的精神還能夠意識到自己的這種特殊地位，就是說，人不僅具有意識，而且還具有自我意識。「由於認識是一種摹寫，精神在自身中認識一切事物，就像在一面具有

⓭　同❻，卷1，頁174。

⓮　同❶，卷1，頁244～245。

理性生命的活的鏡子中認識一樣。精神反觀自身，在自身中考察一切被摹寫的事物。這種摹寫是創造者和一切事物的活的摹本。由於精神是上帝的活的和理性的摹本，而這個上帝對任何一個事物來說都不是它物，因此，如果精神深入自身，認識到自己是一個與自己的原型相同的摹本，那麼，它就在自身中觀看上帝」。❶自我意識的結果是上帝就在你的心中，認識上帝就在於返回自我、認識自我。初看起來，這是教父奧古斯丁早就提出了的觀點。但是，這一觀點一旦與庫薩的人文主義思想結合起來，就會產生一種新的意義：人自身就是上帝，人的精神使不可見的上帝成為可見的上帝。因此，只有通過認識人自身，才能認識上帝。

　　借助把人理解為上帝的摹本和小宇宙，庫薩再次突出了人在宇宙中的特殊地位。只有人才是上帝的摹本，只有人才是小宇宙。因此，人不僅和萬物一樣是宇宙中的一個物種，而且更是宇宙和萬物的認識主體。只有人才能認識宇宙和萬物，只有人才能把自己與宇宙和萬物對立起來，只有人才能成為足以同上帝媲美的創造者，只有人才能借助自己的摹寫創造出足以同現實世界媲美的理智世界和藝術世界。對人的特殊地位的這種肯定不僅是文藝復興人文主義精神的體現，而且也是近代哲學開始重視研究人在認識和實踐領域的主體能動作用的重要原因之一。

　　借助把人理解為上帝的摹本和小宇宙，庫薩還從一個新的角度再次肯定了人認識真理、認識宇宙的無限能力。人是上帝的摹本和小宇宙。人的精神以摹本的形式把整個宇宙和一切事物包容在自身之中，隨著摹本無限地越來越逼近原型，人的精神也就越來越精確地把握了絕對真理。正是在這種意義上，庫薩充滿豪邁之情地宣布：

---

❶　N. Cusanus：《論智慧的追逐》，頁74。

「人性的統一由於是以人的方式作為限定的統一存在的，如此看來，它也根據這種限定的本性包容了一切事物。它的統一的力量囊括了一切事物，把它們納入自己的疆域，以致沒有任何事物能夠逃避它的力量，因為它相信自己用感性、知性或者理性把握了一切事物，相信自己在考察事物時在自己的統一中包容了這些力量，相信自己能夠以人的方式推進到一切事物。人是上帝，盡管不是在絕對的意義上是上帝，因為他是人。人是人形的上帝。人也是世界，盡管他並非具體地是一切事物，因為他是人。人是小宇宙，或者某種人形的世界。因此，人性的領域就它的潛能來說包含了上帝、宇宙、世界。人能夠是人形的上帝，或以人的方式是上帝。人能夠以人的方式是人形的天使、人形的動物、人形的獅子、人形的熊，或其他任何一種東西。的確，在人性的潛能中，以人性的方式潛在著一切事物。因而，在人性中一切事物都以人的方式被展開，就像在宇宙中一切事物都以宇宙的方式被展開一樣，因為人是人形的上帝。人性就是這樣一種統一，它是以人的方式被限定的無限」。**⑯** 在這段話中，人哪裡還有一點基督教神學中上帝面前卑微罪人的味道，人正是那萬能的上帝自身。

　　自從人認識到自己不僅是世界的一部分，而且是與世界的其他部分相對立的一個特殊部分，對人自身的認識就自然而然地被提到議事日程上來。在古希臘，普羅泰戈拉(Protagoras)的「人是萬物的尺度」和蘇格拉底的「認識你自己」，第一次把對人自身的認識提升到哲學原則的高度。不過，從總體上來說，古希臘哲學對人的研究基本上局限於認識論、倫理學和政治學的範圍內，而沒有或者說很少從本體論角度作出相應的探討。至少在存在的意義上，人和世界

---

⑯ 同**⑥**，卷1，頁173。

萬物在古希臘哲學家看來沒有什麼差別。在中世紀，上帝成為哲學的最高主題。比起上帝和神聖的事物來說，人由於原罪，由於靈魂受到了肉體的玷污而是卑下的；但比起宇宙中的其他事物來說，人又是上帝創造世界的中心和目的。人居住在宇宙的中心，宇宙萬物都是為人而創造的，上帝創造人是為了讓人認識他所創造的世界這一偉大作品，人的歸宿就在於借助認識上帝而返回上帝。在認識論和倫理學領域對人的研究也基本上是圍繞這一主題進行的。這在實際上導致了人的二重性，即理念的人與現實的人的二重化，其結果就是在實踐中壓抑現實的人性。但也正是在這樣的背景下，中世紀哲學提出了人的本體論問題，從而為文藝復興和近代哲學把人作為哲學的最高主題打下了基礎。文藝復興時期的人文主義者力圖克服人在中世紀哲學中的二重化。他們的一個突出特徵就是避開上帝，把研究的中心從人神關係轉移到人獸關係。這樣一來，人的優越地位立刻就表現出來了。人和萬物都是上帝的造物，因而人的本質不在於他與上帝的區別，而在於他與萬物的區別，這種本質不是表現為原罪，而是表現為人類特有的理性。莎士比亞的一段膾炙人口的名言把這種人文主義精神表現得淋漓盡致。在《哈姆雷特》這一著名的悲劇作品中，莎士比亞借主人公之口深情地贊美了人：「人是多麼了不起的一件作品！理性是多麼高貴，力量是多麼無窮！儀表和舉止是多麼端莊、多麼出色！論行動，多麼像天使！論了解，多麼像天神！宇宙的精華，萬物的靈長！」**⓱** 不過，人文主義者避開人神關係來頌揚人，難免有逃避矛盾、避重就輕之嫌。對於他們來說，人神關係就也就成了阿基里斯之踵 (Heel of Achilles) 或者阿Q的禿

⓱　《從文藝復興到十九世紀資產階級文學家藝術家有關人道主義人性論言論選輯》，北京，商務印書館，1971，頁11。

頭，為神學家的反撲留下了口實。庫薩的哲學既受到人文主義的影響，同時又影響著人文主義運動。他在人神關係之中強調人的崇高地位，明確宣布人就是神，從而也就把人文主義提高到一個新的高度。

第十二章　尼古拉・庫薩是近代哲學的創始人

　　尼古拉・庫薩從有學問的無知的原則出發，融上帝、宇宙、人這三大主題為一體，建立了西方近代哲學史上第一個相對完整的哲學體系。古希臘哲學的傳統，中世紀經院哲學式的問題，顯示出庫薩哲學與舊哲學形態的不可分割的聯繫。也許，庫薩的本意和托馬斯・阿奎那一樣，是試圖通過引入新的因素，在危機面前再次拯救經院哲學。然而，時代不同了，庫薩努力的結果不但沒有挽救經院哲學，反而加速了這一已經過時的哲學形態的滅亡，宣告了一個新哲學形態的誕生。也正因為如此，在研究庫薩哲學的時候，許多學者也都自覺或者不自覺地面臨著一個問題：誰是西方近代哲學的創始人？

　　笛卡爾是近代哲學的創始人，這似乎早已成為定論。長期以來，「近代哲學之父」這頂桂冠伴隨著笛卡爾不僅出現在各種研究專著裡，也出現在各種哲學教科書和哲學辭典中。但是，笛卡爾恰恰是在庫薩哲學被人們遺忘的時代裡贏得這頂桂冠的，這就為重新思考這一定論埋下了伏筆。隨著「庫薩哲學的復興」，笛卡爾不可動搖的獨尊地位遇到了挑戰。越來越多的學者認為，尼古拉・庫薩才是

近代哲學的創始人。例如,卡西勒認為:庫薩是「第一位近代哲學家」。❶宇伯威格認為:「如果有一個人理應被置於近代哲學的首位,那麼,他就是尼古拉·庫薩」。❷而德國的庫薩研究專家、庫薩著作德文版的編纂人和主要譯者之一霍夫曼 (E. Hoffmann) 則更加明白無誤地宣稱:「在行家們中間再也沒有人懷疑,庫薩是他那整個世紀最偉大的思想家,是德國哲學的創始人」。❸庫薩以他的有學問的無知「成為近代哲學真正的創始人」。❹

回答誰是西方近代哲學的創始人這個問題,是以回答另一個問題為前提的,即什麼是西方近代哲學創始人的標準?如果說,他應該最先體現了西方近代哲學的精神實質,那麼,西方近代哲學的精神實質又是什麼呢?

遺憾的是,上述思想家在提出庫薩是西方近代哲學創始人的時候,都沒有進行過系統的論證。換句話說,在他們闡述和研究了庫薩的基本思想之後,上述觀點似乎就是一個不言而喻的結論。這就使我們有必要對這一問題進行一番探討。

黑格爾在《哲學史講演錄》中提出了一個標準。他認為:「近代哲學的出發點,是古代哲學最後達到的那個原則,即現實自我意識的立場;總之,它是以呈現在自己面前的精神為原則的。中世紀的觀點認為思想中的東西與實存的宇宙有差異,近代哲學則把這種差異發展成對立,並且以消除這一對立作為自己的任務。因此主要的

---

❶　E. Cassirer:《文藝復興哲學中的個人和宇宙》,頁10。

❷　F. Überweg:《哲學史概論》,卷3,頁78。

❸　E. Hoffmann:《兩篇報告:尼古拉·庫薩及其時代;尼古拉·庫薩和德國哲學》,Heidelberg 1947,頁38。

❹　同❸,頁32。

興趣不在於如實地思維各個對象，而在於思維那個對於這些對象的思維和理解，即思維這個統一本身；這個統一，就是某一假定客體的進入意識」。❺ 在談到笛卡爾哲學時，黑格爾又說道：「勒內・笛卡爾事實上正是近代哲學真正的創始人，因為近代哲學是以思維為原則的。獨立的思維在這裡與進行哲學論證的神學分開了，把它放到另外的一邊去了。思維是一個新的基礎」。❻

　　黑格爾在誰是近代哲學的創始人這個問題上的唯心主義偏見是顯而易見的。但盡管如此，他把思維與存在的對立和同一看作是近代哲學的主要內容，把以精神、思維為哲學的原則，從研究精神、思維出發解決思維與存在的關係看作是近代哲學的基本特徵，總的來說是準確的。而且事實上，盡管各家的措辭不同，黑格爾的觀點大體上也是被普遍地接受了的。本書也力圖從黑格爾所提供的這些角度出發，就庫薩哲學在近代哲學史上的地位談一些看法。

一、庫薩結束了中世紀的經院哲學

　　中世紀的經院哲學在總體上可以看作是以神學信仰為前提、以借助理性論證信仰的大全體系為形式、以思維上帝為內容的一種哲學形態。盡管經院哲學內部存在著各種各樣的派別和爭論，但基本上還都沒有突破這個總體構架。這種突破是在庫薩這裡實現的。

　　尼古拉・庫薩是羅馬天主教會的高級神職人員，有著虔誠的宗教情感。這一點也必然影響到他的哲學思維。在他的著作中，幾乎到處可以看到這樣的情況。不過，基督教幾乎所有的信條在他的哲

---

❺　黑格爾：《哲學史講演錄》，卷4，北京，商務印書館，1983，頁5。

❻　同❺，頁63。

學中都變了形。擬人的上帝成了哲學的無限、絕對、極大；上帝的聖父、聖子和聖靈的三位一體成了哲學的一、相等和結合的三位一體；上帝創造世界成了極大的一展開為萬物的多；上帝創造的有限世界成了上帝的限定形式，即限定的無界限的世界；救世主耶穌成了人性的完美個體，因此人的被救也就成了人在無限發展中的自救。這一切都說明，支配著庫薩哲學思維的精神原則已經不是基督教的信仰，而是哲學的理性，是近代泛神論和人文主義精神。

經院哲學借助理性論證信仰的大全體系在庫薩這裡也被拋棄了。雖然庫薩本人的哲學體系也是相對完整的，但它的基礎卻不是基督教的信條，它是庫薩哲學思維的內在邏輯發展的必然結果。尤其重要的是，庫薩關於認識是有學問的無知、是猜測的思想，徹底否定了經院哲學對窮盡一切真理的大全體系的要求。由於真理在他看來只能是一個無限發展的過程，因此，人類在任何階段上的認識都不過是接近真理的一步，都有不斷改善、不斷發展的可能性和必要性。任何窮盡一切真理的企圖都只能是「試圖觀看太陽的貓頭鷹」。❼

從思維的對象來看，庫薩在表面上仍囿於中世紀經院哲學的思維題材。卡西勒曾經指出：「當人們把尼古拉・庫薩看作是近代哲學的創始人和先行者的時候，這一論斷所依據的不可能是他的學說所闡述和展開的問題的特性和客觀內容。在這裡，我們再次遇到了推動著整個中世紀的那些同樣的問題。上帝與世界的關係依然是在基督教的救世理論的獨特觀點下被考察，並成為研究的重點。雖然教義不再無條件地規定研究的道路和過程，但卻為它指點了最後的目標。在基督學的問題上，在上帝的三位一體和道成肉身的問題上，

---

❼ N. Cusanus：〈論有學問的無知〉，《尼古拉・庫薩著作集》，卷1，頁3。

產生和發展出了庫薩的哲學。這個體系的歷史地位的特點在於，它
不是直接地轉向新的內容，而是以傳統的材料完成了一場轉變和深
化，這使他接近了一種新思維方式和提出問題方式的要求」。❽卡西
勒的缺陷在於他沒有注意到，即使是那些傳統材料本身在庫薩那裡
也同樣發生了質的變化。庫薩哲學的革命不僅僅是方法的革命，而且
也是內容的革命。在這方面，福爾克曼——施魯克(K. H. Volkmann-
Schluck)的看法要更為深刻一些。他認為：「尼古拉‧庫薩從一種獨
特的基本思想出發，把中世紀的思維主題概括成為一個原初的統一，
並由此將整個傳統引入近代思維方式，從而結束了中世紀的思
維」。❾不過，他只看到了庫薩對傳統思維主題的改造，卻忽視了庫
薩所提出的新思維主題，即人與自然。而我們知道，「人的發現」和
「自然的發現」正是瑞士學者布克哈特所概括的文藝復興的兩大功
績。

　　這樣看起來，庫薩是帶著舊的經院哲學的重重烙印而結束中世
紀的思維的。在這方面，布盧門貝格的觀點是很有意思的。這位學
者認為：「在經院哲學的『大全』中形成的終極性、精確性的要求被
非精確性、認識無限進步的觀念連根拔除了。但是，這不是一個革
命的行動，而是對神聖事物的關懷的更加虔誠的結論。西方精神的
歷史就是這種關懷推動的。它也是庫薩形而上學的根源。在這種意
義上，庫薩延長了中世紀。……尼古拉‧庫薩結束了中世紀，因為
他更徹底地是中世紀的」。❿這位學者所提供的一個材料更是從一個

---

❽　E. Cassirer：《近代哲學與科學中的認識問題》，卷1，頁21。

❾　K. H. Volkmann-Schluck：《尼古拉‧庫薩：從中世紀到近代過渡時期
　　的哲學》，Frankfurt 1957，頁IX。

❿　N. Cusanus：《猜測的藝術》，編譯者導言，頁13～14。

側面說明了在庫薩那個時代人們是如何看待庫薩的歷史地位的。他寫道:「據我們所知,拉丁語的『中世紀』這個概念(它似乎已經以一個新的、在這一次是終極的第三歷史時期為前提)第一次是與這位庫斯人的形象一起出現的,是在喬萬尼・安德烈・德・布西(Giovanni Andrea del Bussi)於1469年——即庫薩去世5年之後——為這位庫斯的樞機主教所做的頌詞中出現的,這絕非偶然」。**⑪** 由此可見,喬萬尼這位人文主義者在當時就意識到,一個舊的時代已經結束,一個新的時代已經到來,而且這是與庫薩的功績密切相關的。

二、庫薩論證了精神的無限能力

卡西勒認為:「近代是在兩個方向上,即在主體方面和客體方面,開始扭轉以前的觀點。它所觀察的對象對精神來說是內在的,意識自身以及意識的規律性規定和限定了認識的對象。儘管如此,我們試圖在科學上規定這種新存在的過程,在原則上卻被看作是不會終結的。有限的、經驗的存在永遠不會被完全認識到,而是作為研究的任務一直擺在我們面前,無限性的特徵被從認識的對象轉移到了認識的功能。知識的客體儘管和精神是由同樣的材料構成的,儘管對於精神來說是完全可透視的,可以內在地理解的,但在知識的每一個別階段上又是不可理解的。在這種懷疑主義的洞見中,呈現出理性對自己本身的新信念。在庫薩哲學中,這一關係的兩個基本要素都已處在萌芽狀態。因為就像他一方面強調認識過程無界限一樣,另一方面他也堅信,一切經驗認識都只不過是精神在自己的原則中已經包含著的固有的財富的展開和發展」。**⑫** 前文已經說過,卡

---

⑪ 同**⑩**,頁11。

西勒在認識起源問題上有從新康德主義的立場曲解庫薩的傾向，但他把近代哲學的特徵歸結為「新關係的兩個基本要素」，即認識對象的內在化和認識過程的無限化，卻是值得思考的。

　　庫薩認為，絕對的真理或上帝或萬物的絕對本質是不可理解的，但是我們可以借助對符號的理解和超越來無限地逼近它。我們在任何階段上的認識都是對絕對真理的分有，因而也是逼近絕對真理的無限過程的一個必不可少的環節。人的精神是上帝的摹本，是宇宙的最高實現，因此具有認識絕對真理的無限能力。同時，只有在一個無限的對象中，只有在逼近這個對象的無限過程中，人的精神才能證實自身的無限能力。正是這種思想使庫薩最先扭轉了中世紀的觀點。在這一點上，霍夫曼與卡西勒的看法是一致的。他認為：「庫薩論證了人的無限任務的概念，就此來說，他應該被看作是近代哲學的創始人，比笛卡爾早兩個世紀」。⓭

　　由於在庫薩看來，絕對真理本身是不可理解的，它只有借助人的精神這個摹本才能為人的認識所把握，也就是說，它只能體現在人的認識中，而人的認識本身又是創造，是以自身為尺度來衡量對象的，因此，認識真理最終也就在於認識人的精神，認識人的精神的認識。於是，作為自己認識自己的思想的上帝也就轉化成了人，轉化為人的思想對自己的認識；外在的上帝也就轉化為內在的上帝，認識上帝也就轉化為反觀自身；存在的哲學最終轉化為認識的哲學。應該說，這一轉化是由庫薩肇端的。

⓬　同❽，卷1，頁28。

⓭　轉引自N. Cusanus：《論精神》，德譯者導言，Hamburg 1949，頁25。

三、庫薩使人上升為哲學的最高主題

在庫薩之前，從總體上來說古希臘哲學是以自然為哲學對象的，而基督教哲學的最高認識對象則是上帝。雖然「認識你自己」這句名言早就刻在了德爾斐神廟的門楣上，但人始終未能真正成為哲學的主要認識對象。正是在庫薩這裡，人第一次和上帝、宇宙並列為哲學的三大主題之一，這應該說是近代形而上學三大支柱的起源。

按照庫薩自己的說法，他的「有學問的無知」是關於極大的學說。他一共列舉了三種極大，即絕對的極大——上帝、限定的極大——宇宙、既絕對又限定的極大——基督耶穌。但耶穌只不過是人性的完美形象，因此他的第三種極大實際上也就是人。庫薩的研究順序是上帝、宇宙、人。但是，由於人是上帝的摹本，宇宙是在人身上達到其完美狀態的，因此，在形而上學的意義上，人表現為上帝與萬物的中介，在存在方面的順序又是上帝、人、宇宙。最後，由於上帝只有借助人這個摹本才是可見的，萬物也只有借助人才能分有上帝，獲得自己的真理存在，因此，人不僅表現為萬物的尺度，同時也表現為上帝的尺度。人成為庫薩哲學的最高對象和最終歸宿。福爾克曼—施魯克指出：「《論有學問的無知》的第三卷說明，世界只有在人身上才能實現它作為世界的本質。它的根據在於，人是無限的一在世界中的顯現。這樣，關於上帝的問題和關於世界的問題也就從自身中造成了關於人的問題。在關於人的問題中，前兩個問題統一起來了。但是，在這裡存在著一種可能性，即人這個主題把其他兩個主題納入自身之中，以致這兩個主題融化在它之中。這樣

一來，三個主題也就歸而為一，以致人成為占支配地位的主題」。**⓮**

　　不過，在庫薩那裡，人的本質乃是精神。因此，成為形而上學最高主題的人也不是人的生物學存在，而是人的精神。只有精神才是上帝的摹本，只有精神才是宇宙的最高實現，只有精神才能在自身中包容萬物，只有精神才能以摹寫現實世界的方式創造一個理智世界，以摹寫現實世界的方式創造一個藝術世界。因此，人生的最高境界也就是精神生活，只有在精神生活中人才能與上帝結合。庫薩對人的精神的高度重視在近代哲學中，尤其是在德國古典哲學中，得到了進一步的發展和加強。

　　綜上所述，庫薩的確在笛卡爾之前兩個世紀就已經倡導和體現了近代哲學的精神。他理應被看作是近代哲學真正的創始人。當然，說庫薩是近代哲學的創始人，並不意味著一定要排斥笛卡爾作為近代哲學創始人的地位。一個新哲學形態的產生並不是一蹴而就的，它是幾代人不懈努力的結果。因此，他的創始人也不一定只能是一個人。但近代哲學肇始於庫薩，這應該是沒有疑問的。在庫薩哲學中，還有大量的中世紀哲學的殘餘，使他的哲學還帶有過渡狀態的特徵。但這與他的哲學開創了一個新的時代，為一個新的哲學形態揭開了序幕並不矛盾。其實，在笛卡爾的哲學中，我們不也是在不同程度上發現了這種殘餘嗎？

四、庫薩對近代哲學的影響

　　庫薩的哲學當他在世的時候並沒有產生多大的影響。雖然庫薩與佛羅倫薩柏拉圖學園的「精神之父」普勒托有過一段交往，柏拉

⓮ 同**❾**，頁Ⅸ。

圖學園亦是在庫薩的哲學思維達到巔峰狀態的年代裡建立起來的，雙方又同屬柏拉圖主義傳統，但卻看不出庫薩對柏拉圖學園有過什麼影響。至少柏拉圖學園的兩位代表人物費奇諾和皮科都沒有提到過他，也沒有發現他與比他稍晚的費奇諾之間有過什麼或學術或人際的交往。庫薩死去不久，他就被人們遺忘了。

文藝復興時期唯一的例外是意大利哲學家布魯諾。這位博學的思想家不僅曾以非常崇敬的口吻談到過庫薩，而且在很大程度上繼承和發展了庫薩哲學的原則。庫薩關於上帝在萬物中、上帝就是萬物的泛神論思想，關於宇宙無界限的自然哲學思想，關於對立面的一致的辯證法思想，事實上也是布魯諾哲學的主導原則。布魯諾所使用的許多術語，例如極大、極小、對立面的一致等等，也是由庫薩第一次當作重要的範疇引入哲學領域的。甚至布魯諾在論證對立面的一致時所使用的數學例子，也都可以在庫薩著作中找到。

在17世紀的哲學家中，笛卡爾極可能讀過庫薩的著作，特別是《論有學問的無知》。因為笛卡爾曾在一封信中提到，庫薩把世界看作是無界限的。其實，笛卡爾自己也完全與庫薩一樣把上帝看作是無限的，把世界看作是無界限的。我們甚至可以在庫薩哲學中找到笛卡爾的第一原理的雛形。例如庫薩就曾說過：「不能懷疑靈魂是否存在，因為沒有它就不能激發懷疑」。⑮庫薩用人是上帝的摹本來保證認識的真理性，笛卡爾則用上帝不會騙人來保證認識的真理性；庫薩認為天賦的是認識能力，笛卡爾則認為天賦的是觀念。這就導致庫薩認為任何知識都不能最終完全精確地把握真理，笛卡爾卻以尋求清楚明白、確定無疑的知識作為哲學的目標，而且自以為已經找到了這種知識並在其上建立起形而上學體系。盡管對於庫薩哲學

---

⑮　N. Cusanus：〈論猜測〉，《尼古拉・庫薩著作集》，卷1，頁140。

來說，笛卡爾哲學在總體上是一種進步，但在個別的觀點上，庫薩的哲學卻顯得更為高明。

　　關於庫薩哲學與德國哲學在精神實質上的一致性，我在前文中已經多處涉及到，這裡就不再贅述了。也許是由於這種一致性，也許是由於庫薩是一位德國人，他與德國哲學的關係歷來是一個熱門話題，而且眾說紛紜，莫衷一是。分歧的焦點並不在於二者之間是否有一致性，因為這是一個公認的事實；而是在於庫薩是否影響了德國哲學。早在1871年，沙普夫就已經指出了庫薩與近代哲學的關係，其中，他特別提到了康德和謝林。但是，在現有的文獻中，找不到任何證據能夠說明庫薩哲學對德國近代哲學的直接影響。這就使許多學者在談到這一問題時都持比較謹慎的態度。對這一問題進行了大量研究的當數霍夫曼。他認為：「沒有庫薩的影響，帕拉采爾蘇斯(A. Paracelsus)就不能建立他關於活物的學說，布魯諾也不能宣布世界的無限性」。❶ 在另一處地方，霍夫曼又指出，布魯諾在他的《論原因、本原和一》中，把庫薩關於一切對立面即上帝和世界、內在和外在、客體與主體、宇宙與自我在其中一致的一的學說，即庫薩的對立面的一致，改造成為一種同一哲學。這後來又出現在斯賓諾莎關於「上帝即自然即實體」和「事物連結的秩序與觀念連結的秩序是一回事」的學說中。萊布尼茨接受了這一點，但不再把它理解為同一，而是理解為單子的前定和諧。萊布尼茨「使這一基本的洞見，即作為整個宇宙的本質特徵，知識當作前提的統一不是質料而是形式，不是物而是生命，不是廣延的特性而是精神的特性，成為整個哲學的基石。在這一前提下，首先必須把思維著的主體理

───────────

❶　轉引自N. Cusanus：《論智慧》，德譯者導言，Hamburg 1954，頁1～2。

解為一個精神的統一，它借助想像和思維展開自身。因為它從感覺的混雜出發日益澄清自身，直到實現對宇宙及其在中心的神性統一中的受制約性的統一認識。這種單子論……事實上是新的唯心主義的基石。因為康德全部理性批判都植根於綜合統一的概念之中，它是我們全部認識的創造性因素。而我們全部創造性認識的這種先天統一，正是費希特把康德的體系改造成為關於純粹自我的學說的出發點，也是謝林和施萊爾馬赫(F. Schleiermacher)由個人的自我統一出發試圖重新把握與宇宙的無限性和上帝的絕對之間的聯繫的出發點。如果我們今天看到歷史的線索是這樣發展的，那麼，我們必須同時承認，它只能是由尼古拉・庫薩那裡發端的。正是庫薩借助他的無限性概念改造了統一性、自我性和整體性問題，使這整個線索由他出發經萊布尼茨達到德國唯心主義」。❶霍夫曼認為，基於以上情況，雖然我們不能證明庫薩直接影響了德國哲學，但還是可以找到一條間接的道路，即經過布魯諾和斯賓諾莎。伽達默爾 (H–G. Gadamer)在得知霍夫曼的這一觀點時，並沒有明確地表示肯定或者否定。他只是感到奇怪，為什麼霍夫曼沒有提到黑格爾，因為黑格爾也把庫薩的核心概念「一致」看作是真理的內核或者構成哲學內容的理念。伽達默爾認為，霍夫曼這樣作的原因，也許是由於他擔心通過黑格爾把對庫薩哲學的解釋轉移到泛神論方向上去。在這個問題上，希爾施貝格爾的觀點代表了一種穩健的立場。他認為，在缺乏直接證明材料的情況下，還不能直截了當地接受霍夫曼的觀點，「還是說庫薩哲學平行於德國哲學思想比較合適」。❶

我比較贊同霍夫曼的觀點。因為哲學的影響可以是有形的，也

---

❶　同❸，頁65～66。

❶　J. Hirschberger：《尼古拉・庫薩在德國哲學發展中的地位》，頁5。

可以是無形的。所謂有形的，例如哲學家之間的師承關係，學術交
流，被影響者讀過、援引過影響者的著作，或者至少讀過、援引過
關於影響者思想的二手資料。所謂無形的，也就是霍夫曼所說的這
種情況。甲的思想對乙的影響被乙同化，並作為乙自己的思想又對
丙發生影響，……依此類推。其實，任何哲學體系都是在前人已經
取得的成果的影響下產生的。前人的思想可能以口頭、書面的形式
保留下來，但也可以通過對人們的思維方法、思維模式等的影響而
溶入時代精神、民族精神、民族心理等等之中，成為後人思維的前
提和精神氛圍。在這種意義上，庫薩哲學對近代德國哲學的影響就
是不可避免的，更何況他的哲學本來就是自艾克哈特肇始的德國哲
學的一個不可缺少的環節。

尼古拉・庫薩年表

1401

尼古拉・庫薩出生在摩澤爾河畔離特里爾不遠的庫斯，原名尼古拉・柯雷布斯。父親約翰・柯雷布斯是一位富有的船主，母親卡塔琳娜，父姓略默爾。

1406

羅倫佐・瓦拉誕生。

1409

比薩宗教會議召開。羅馬教會由原來的「二皇並立」演變為「三皇鼎立」。

約1413

庫薩逃離父母，被曼德沙德伯爵收留。

約1413～1416

庫薩在尼德蘭達文特的「共同生活兄弟會」舉辦的學校生活和學習。

1414

康斯坦茨宗教會議召開。

1415

約翰・胡司被判處異端焚死。

1416

庫薩在海德堡大學藝術系註冊學習。

1417

教皇馬丁五世即位，羅馬教會大分裂結束。庫薩開始在意大利的帕多瓦大學學習教會法。

1419

胡司戰爭爆發。

1422

土耳其軍隊第一次圍攻君士坦丁堡。

1423

庫薩獲教會法博士學位，經羅馬回到德國。

1425

庫薩在科隆大學學習哲學和神學。

1427

庫薩任特里爾大主教的祕書。

1428

庫薩拒絕盧汶大學請他擔任教會法教授的聘請。

1430

庫薩擔任曼德沙德伯爵的私人祕書。

1431

巴塞爾宗教會議召開。

1432

庫薩作為曼德沙德伯爵烏利希的全權代表出席巴塞爾宗教會議，參加「信仰問題小組」的討論。

1433

庫薩完成《論廣泛的和睦一致》，成為「宗教會議至上運動」的精神領袖。馬爾西略·費奇諾誕生。

1434

美第奇家族在佛羅倫薩的統治開始。

1435

庫薩再次拒絕盧汶大學請他擔任教會法教授的聘請。

1436

庫薩完成《論曆法改革》。

1437

庫薩倒向教皇派，並作為教皇特使出使君士坦丁堡，做爭取東方教會的工作。

1438

庫薩隨東方教會代表團回到佛羅倫薩，歸途中產生「有學問的無知」的思想。

1438～1448

庫薩作為教皇特使出使德國。

1440

庫薩先後完成《論有學問的無知》、《論猜測》，並把它們獻給樞機主教西撒利尼。

1444

庫薩完成《論隱祕的上帝》，購買天文學儀器。

1445

庫薩完成《論尋覓上帝》等一系列關於神學、數學問題的小冊子。

1448

庫薩被提名為樞機主教。

1449

庫薩完成《為有學問的無知作辯》。

1450

庫薩到羅馬接受樞機主教職位,同時被任命為布利克森主教,並再次受命出使德國和波希米亞,完成《平信徒論智慧》、《平信徒論精神》、《平信徒論天平試驗》等一系列著作。

1450～1452

庫薩作為教皇特使在德語地區推行教會改革。

1452～1458

庫薩作為布利克森主教與奧地利伯爵西吉斯孟衝突。

1452

達·芬奇誕生。

1453

土耳其軍隊攻陷君士坦丁堡。庫薩完成《論信仰的和平》。

1458

庫薩密友皮柯洛米尼繼任教皇,稱庇護二世。庫薩奉召回羅馬擔任教皇總助理,完成《論綠寶石》。

1459

柯西莫·美第奇在佛羅倫薩建立柏拉圖學園。

1460

庫薩完成《論能——是》。

1462

庫薩完成《論非它》。

1463

　　庫薩完成《論球戲》、《論智慧的追逐》。米朗多拉的皮科誕生。

1464.8.11

　　庫薩在烏姆布林教區的托迪城去世。三天後，教皇庇護二世去世。

1469

　　尼科洛‧馬基雅維利誕生。

1473

　　尼古拉‧哥白尼誕生。

1478

　　托馬斯‧莫爾誕生。

1483

　　馬丁‧路德誕生。

1488

　　《庫薩著作集》斯特拉斯堡版出版。

1492

　　哥倫布發現美洲。

1499

　　馬爾西略‧費奇諾去世。

1502

　　《庫薩著作集》米蘭版出版。

1514

　　《庫薩著作集》巴黎版出版。

1565

　　《庫薩著作集》巴塞爾版出版。

參考書目

一. 庫薩原著

1. Nikolaus von Kues : *Werke (Neuausgabe des Straßburger Drucks von 1488)*. Band 1, herausgegeben von Paul Wilpert, Berlin 1967 (De docta ignorantia; Apologia doctae ignorantiae; De coniecturis; De filiatione dei; De genesi; Idiota de sapientia; Idiota de mente; Idiota de staticis experimentis; De visione dei; De pace fidei).

《庫薩著作集》第一卷，P. 維爾波特編，柏林1967年拉丁文版（重印1488年斯特拉斯堡版）。主要著作有：《論有學問的無知》、《為有學問的無知作辯》、《論猜測》、《論與上帝的父子關係》、《論產生》、《平信徒論智慧》、《平信徒論天平試驗》、《論上帝的觀看》、《論信仰的和平》。

2.*De docta ignorantia*–Die belehrte Unwissenheit, lateinisch-deutsch, übersetzt von Paul Wilpert, Buch 1, Hamburg 1964, Buch 2, Berlin 1967.

《論有學問的無知》，P. 維爾波特譯，拉德對照版，第一卷，漢堡1964年；第二卷，柏林1967年。

3. *Drei Schriften vom verborgenen Gott (Vom verborgenen Gott, Vom Gottsuchen, Von der Gotteskinderschaft).* deutsch, herausgegeben von E. Bohnenstädt, Hamburg 1967.

《關於隱祕的上帝的三篇文章》(《論隱祕的上帝》,《論尋覓上帝》,《論與上帝的父子關係》), E. 博内斯泰德編譯, 漢堡1967年德文版。

4. *Der Laie über die Weisheit.* deutsch, übersetzt von E. Bohnenstädt, Hamburg 1954.

《平信徒論智慧》, E. 博内斯泰德譯, 漢堡1954年德文版。

5. *Der Laie über den Geist.* deutsch, übersetzt von Martin Honecker und Hildegrund Menzel-Rogner, Hamburg 1949.

《平信徒論精神》, M. 霍内克、H. 門采爾——羅格納譯, 漢堡1949年德文版。

6. *Der Laie über Versuch mit der Waage.* deutsch, übersetzt von Hildegrund Menzel-Rogner, Leipzig 1944.

《平信徒論天平試驗》, H. 門采爾——羅格納譯, 萊比錫1944年德文版。

7. *Über den Frieden im Glauben.* deutsch, übersetzt von Ludwig Mohler, Leipzig 1943.

《論信仰的和平》, L. 摩勒譯, 萊比錫1943年德文版。

8. *Von Gottes Sehen.* deutsch, übersetzt von E. Bohnenstädt, Leipzig 1944.

《論上帝的觀看》, E. 博内斯泰德譯, 萊比錫1944年德文版。

9. *Über den Ursprung.* deutsch, übersetzt von Maria Feigl, Heidelberg 1967.

《論本原》，M. 費格爾譯，海德堡1967年德文版。

10. *Vom Können-Sein, Vom Gipfel der Betrachtung.* deutsch, übersetzt von E. Bohnenstädt, Leipzig 1947.

《論能——是，論觀察的頂峰》，E. 博內斯泰德譯，萊比錫1947年德文版。

11. *Vom Nichtanderen.* deutsch, übersetzt von Paul Wilpert, Hamburg 1976.

《論非它》，P. 維爾波特譯，漢堡1976年德文版。

12. *Vom Globusspiel.* deutsch, übersetzt von Gerda von Bredow, Hamburg 1978.

《論球戲》，G.v. 布勒多夫譯，漢堡1978年德文版。

13. *De venatione sapientiae-Die Jagd nach Weisheit.* lateinisch-deutsch, übersetzt von Paul Wilpert, Hamburg 1964.

《論智慧的追逐》，P. 維爾波特譯，拉德對照版，漢堡1964年。

14. *Die Kunst der Vermutung.* Auswahl aus den Schriften von Nicolaus Cusanus, deutsch, besorgt und eingeleitet von Hans Blumenberg, Bremen 1957.

《推測的藝術》，庫薩著作節選本，H. 布盧門貝格編譯並作導言，不來梅1957年德文版。

15. 《論有學問的無知》，尹大貽、朱新民譯自英文版，北京，商務印書館1988年中文版。

16. 《論隱祕的上帝》，李秋零編譯，香港，卓越書樓1994年版。

二. 研究著作

1. Ernst Cassirer : *Das Erkenntnisproblem in der Philosophie und Wissenschaft der neueren Zeit,* Band 1, Berlin 1911.

   E. 卡西勒：《近代哲學與科學中的認識問題》，第1卷，柏林1911年德文版。

2. Ernst Cassirer : *Individuum und Kosmos in der Philosophie der Renaissance.* Darmstadt 1977.

   E. 卡西勒：《文藝復興哲學中的個人與宇宙》，達姆施塔特1977年德文版。

3. Johannes Hirschberger : *Die Stellung des Nikolaus von Kues in der Entwicklung der deutschen Philosophie.* Wiesbaden 1978.

   J. 希爾施貝格爾：《尼古拉·庫薩在德國哲學發展中的地位》，威斯巴登1978年德文版。

4. Ernst Hoffmann: *Nikolaus von Cues und seine Zeit, Nikolaus von Cues und die deutsche Philosophie, Zwei Vorträge.* Heidelberg 1947.

   E. 霍夫曼：《兩篇報告：尼古拉·庫薩及其時代，尼古拉·庫薩和德國哲學》，海德堡1947年德文版。

5. Ekkehard Meffert : *Nikolaus von Kues, sein Lehensgang, seine Lehre vom Geist.* Stuttgart 1982.

   E. 梅費爾特：《尼古拉·庫薩：他的生平和精神學說》，斯圖加特1982年德文版。

6. Karl Jaspers: *Nikolaus Cusanus.* München 1964.

K. 雅斯貝爾斯：《尼古拉・庫薩》，慕尼黑1964年德文版。

7. K. H. Volkmann-Schluk : *Nicolaus Cusanus, die Philosophie im Übergang vom Mittelalter zur Neuzeit.* Frankfurt 1957.

K. H. 福爾克曼——施魯克：《尼古拉・庫薩：從中世紀到近代過渡時期的哲學》，法蘭克福1957年德文版。

8. Pauline Moffitt Watts: *Nicolaus Cusanus, a fifteenth-century vision of man.* Leiden 1982.

P. M. 瓦茲：《尼古拉・庫薩：十五世紀一種關於人的學說》，萊頓1982年英文版。

9. Klaus Jacobi (hrsg) : *Nikolaus von Kues, Einführung in sein philosophisches Denken.* München 1979.

K. 雅柯比編：《尼古拉・庫薩哲學思想導論》，論文集，慕尼黑1979年德文版。

10. 尹大貽：〈庫薩的尼古拉〉，《西方著名哲學家評傳》，第三卷，山東人民出版社1984年版。

11. 趙復三：〈庫薩的尼古拉〉，《西方著名哲學家傳略》，山東人民出版社1987年版。

三. 其他著作

1. Rudolf Eisler : *Wörterbuch der philosophischen Begriffe.* Berlin 1927.

R. 艾斯勒：《哲學概念辭典》，柏林1927年版。

2. Paul Oskar Kristeller : *Humanismus und Renaissance.* Band 1, München 1974; Band 2, München 1976.

P. O. 克利斯泰勒：《人文主義與文藝復興》，德文版，第一卷，

慕尼黑1974年；第二卷，慕尼黑1976年。

3.Friedrich Überweg : *Grundriß der Geschichte der Philoso-phie.* Berlin 1974. Band 3.

　F. 宇伯威格：《哲學史概論》，第三卷，柏林1974年德文版。

4.苗力田、李毓章主編：《西方哲學史新編》，北京，人民出版社1990年版。

5.苗力田主編：《古希臘哲學》，北京，中國人民大學出版社1989年版。

6.奧伊則爾曼主編：《十四～十八世紀辯證法史》，鍾宇人等譯，北京，人民出版社1984年版。

7.杜布斯：《文藝復興時期的人與自然》，陸建華、劉源譯，浙江人民出版社1988年版。

8.索柯洛夫：《文藝復興時期哲學概論》，湯俠生譯，北京大學出版社1983年版。

9.丹皮爾：《科學史》，李衍譯，北京，商務印書館1975年版。

索 引

八劃

九劃

十一劃

十二劃

十四劃

十五劃

十六劃

十七劃

十九劃

二十劃

世界哲學家叢書（一）

書 名	作 者	出 版 狀 況
孔　　　　子	韋　政　通	已　出　版
孟　　　　子	黃　俊　傑	已　出　版
老　　　　子	劉　笑　敢	排　印　中
莊　　　　子	吳　光　明	已　出　版
墨　　　　子	王　讚　源	已　出　版
淮　南　子	李　　增	已　出　版
董　仲　舒	韋　政　通	已　出　版
揚　　　　雄	陳　福　濱	已　出　版
王　　　　充	林　麗　雪	已　出　版
王　　　　弼	林　麗　真	已　出　版
阮　　　　籍	辛　　旗	已　出　版
劉　　　　勰	劉　綱　紀	已　出　版
周　敦　頤	陳　郁　夫	已　出　版
張　　　　載	黃　秀　璣	已　出　版
李　　　　覯	謝　善　元	已　出　版
楊　　　　簡	鄭　曉　江 李　承　貴	已　出　版
王　安　石	王　明　蓀	已　出　版
程顥、程頤	李　日　章	已　出　版
胡　　　　宏	王　立　新	已　出　版
朱　　　　熹	陳　榮　捷	已　出　版
陸　象　山	曾　春　海	已　出　版
王　廷　相	葛　榮　晉	已　出　版
王　陽　明	秦　家　懿	已　出　版
方　以　智	劉　君　燦	已　出　版
朱　舜　水	李　甦　平	已　出　版

世界哲學家叢書 (二)

書　　　　名	作　　者	出　版　狀　況
戴　　　　震	張　立　文	已　　出　　版
竺　　道　　生	陳　沛　然	已　　出　　版
慧　　　　遠	區　結　成	已　　出　　版
僧　　　　肇	李　潤　生	已　　出　　版
吉　　　　藏	楊　惠　南	已　　出　　版
法　　　　藏	方　立　天	已　　出　　版
惠　　　　能	楊　惠　南	已　　出　　版
宗　　　　密	冉　雲　華	已　　出　　版
湛　　　　然	賴　永　海	已　　出　　版
知　　　　禮	釋　慧　岳	已　　出　　版
嚴　　　　復	王　中　江	排　　印　　中
章　　太　　炎	姜　義　華	已　　出　　版
熊　　十　　力	景　海　峰	已　　出　　版
梁　　漱　　溟	王　宗　昱	已　　出　　版
殷　　海　　光	章　　　清	已　　出　　版
金　　岳　　霖	胡　　　軍	已　　出　　版
馮　　友　　蘭	殷　　　鼎	已　　出　　版
湯　　用　　彤	孫　尚　揚	已　　出　　版
賀　　　　麟	張　學　智	已　　出　　版
商　　羯　　羅	江　亦　麗	已　　出　　版
泰　　戈　　爾	宮　　　靜	已　　出　　版
奧羅賓多·高士	朱　明　忠	已　　出　　版
甘　　　　地	馬　小　鶴	已　　出　　版
拉達克里希南	宮　　　靜	已　　出　　版
李　　栗　　谷	宋　錫　球	已　　出　　版

世界哲學家叢書（三）

書　　　　　　名	作　　者	出　版　狀　況
道　　　　　　元	傅　偉　勳	已　　出　　版
山　鹿　素　行	劉　梅　琴	已　　出　　版
山　崎　闇　齋	岡　田　武　彥	已　　出　　版
三　宅　尚　齋	海老田輝巳	已　　出　　版
貝　原　益　軒	岡　田　武　彥	已　　出　　版
楠　本　端　山	岡　田　武　彥	已　　出　　版
吉　田　松　陰	山　口　宗　之	已　　出　　版
亞　里　斯　多　德	曾　仰　如	已　　出　　版
伊　壁　鳩　魯	楊　　適	已　　出　　版
柏　　　羅　　　丁	趙　敦　華	排　　印　　中
伊　本　·　赫　勒　敦	馬　小　鶴	已　　出　　版
尼　古　拉　·　庫　薩	李　秋　零	已　　出　　版
笛　　　卡　　　兒	孫　振　青	已　　出　　版
斯　賓　諾　莎	洪　漢　鼎	已　　出　　版
萊　布　尼　茨	陳　修　齋	已　　出　　版
托　馬　斯　·　霍　布　斯	余　麗　嫦	已　　出　　版
洛　　　　　　克	謝　啓　武	已　　出　　版
巴　　　克　　　萊	蔡　信　安	已　　出　　版
休　　　　　　謨	李　瑞　全	已　　出　　版
托　馬　斯　·　鋭　德	倪　培　民	已　　出　　版
伏　　　爾　　　泰	李　鳳　鳴	已　　出　　版
孟　德　斯　鳩	侯　鴻　勳	已　　出　　版
費　　　希　　　特	洪　漢　鼎	已　　出　　版
謝　　　　　　林	鄧　安　慶	已　　出　　版
叔　　　本　　　華	鄧　安　慶	排　　印　　中

世界哲學家叢書（四）

書　　　　　名	作　　者	出　版　狀　況
祁　　克　　果	陳　俊　輝	已　　出　　版
彭　　加　　勒	李　醒　民	已　　出　　版
馬　　　　　赫	李　醒　民	已　　出　　版
迪　　　　　昂	李　醒　民	已　　出　　版
恩　　格　　斯	李　步　樓	已　　出　　版
約　翰　彌　爾	張　明　貴	已　　出　　版
狄　　爾　　泰	張　旺　山	已　　出　　版
弗　洛　伊　德	陳　小　文	已　　出　　版
史　賓　格　勒	商　戈　令	已　　出　　版
雅　　斯　　培	黃　　　藿	已　　出　　版
胡　　塞　　爾	蔡　美　麗	已　　出　　版
馬克斯・謝勒	江　日　新	已　　出　　版
海　　德　　格	項　退　結	已　　出　　版
高　　達　　美	嚴　　　平	排　　印　　中
哈　伯　馬　斯	李　英　明	已　　出　　版
榮　　　　　格	劉　耀　中	已　　出　　版
皮　　亞　　傑	杜　麗　燕	已　　出　　版
索　洛　維　約　夫	徐　鳳　林	已　　出　　版
馬　　賽　　爾	陸　達　誠	已　　出　　版
布　拉　德　雷	張　家　龍	排　　印　　中
懷　　特　　海	陳　奎　德	已　　出　　版
愛　因　斯　坦	李　醒　民	排　　印　　中
玻　　　　　爾	戈　　　革	已　　出　　版
弗　　雷　　格	王　　　路	已　　出　　版
石　　里　　克	韓　林　合	已　　出　　版

世界哲學家叢書（五）

書　　　　　名	作　　者	出　版　狀　況
維　根　斯　坦	范　光　棣	已　　出　　版
艾　　耶　　爾	張　家　龍	已　　出　　版
奧　　斯　　丁	劉　福　增	已　　出　　版
馮　‧　賴　特	陳　　波	排　　印　　中
魯　　一　　士	黃　秀　璣	已　　出　　版
蒯　　　　因	陳　　波	已　　出　　版
庫　　　　恩	吳　以　義	已　　出　　版
洛　　爾　　斯	石　元　康	已　　出　　版
喬　姆　斯　基	韓　林　合	已　　出　　版
馬　克　弗　森	許　國　賢	已　　出　　版
尼　　布　　爾	卓　新　平	已　　出　　版